심장 깊이 젖어라, 시여

현대시학 2021 앤솔로지

심장 깊이 젖어라, 시여

허영자 외 지음

■ 인사말

다시 봄을 위하여

　펜데믹에 발목 잡혀 도리가 없는 나날, 혼자 있는 것이 미덕이 된 세상이다. 광장도, 공원도, 카페도, 도서관도 문이 닫혔다.

　2002년 월드컵이 떠오른다. 그땐 누구라 할 것 없이 온 국민이 흥분해 있었다. 그 희열과 행복감은 거대한 에너지가 되어 각자의 자리에서 신명나게 열심히 살았었다.

　환란의 시기에 시인들은 어찌할 것인가. 모두가 위로가 필요한 시기에 시가 위로가 될 수 있지 않을까.
　그래서일까 어느 때보다 풍성하게 시집이 쏟아져 나오는 것 같다. 세기말적인 펜데믹 상황에 시인들은 통성기도라도 올리듯 시를 쏟아내고 있는 게 아닐까.

　《현대시학》이 곧 600호를 맞게 된다. 우수문예지를 지향하며 흔들리지 않고 뚜벅뚜벅 걸어온 결과라고 생각한다. 이번 앤솔로지도 현대시학회원 뿐만 아니라 좋은 시를 쓰는 우리나라의 대표적인 시인들에게도 올해의 시를 청탁하였고 정성들여 편집, 제작하여 대표적인 '올해의 좋은 시 모음집'이 되도록 할 것이다. 좋은 원고를 보내주신 시인들에게 감사를 드린다.

〈현대시학회〉에서는 올해 몇 가지 행사를 계획하였으나 앤솔로지 발간 외에는 할 수 있는 것이 없었다. 〈여수 문학기행〉도 불발되었고 소규모 문학 강연도 제대로 하지 못했다. 2월 20일 〈전봉건문학상〉 시상식 등이 예정되어 있으나 지금으로서는 한 치 앞도 내다 볼 수가 없는 상황이다.

언제쯤 다시 평온이 찾아올까. 사람들이 더 이상 지치지 않았으면 좋겠다. 전 지구적으로 참혹한 상황을 목도하고 맞닥뜨리며 시인의 언어는 암흑의 골방 안에서도 분명하게 기록될 것이다.
그리하여 다음 호의 앤솔로지엔 더욱 많은 견딤의 결과물이 쏟아져 나올 것 같다.
그러니 우리는 끝끝내 견디어 좋은 작품을 남기는 것으로 대지에 깊게 발자국을 찍어야 할 것이다.

2021년 1월

현대시학회 회장 김지헌

차례

■ **인사말**　　다시 봄을 위하여 | 김지헌

1부

감태준	새사람이 올 것이다	014
강경호	슬픔	015
강서완	소혹성 327호	016
곽인숙	낙엽의 표정	018
금보성	파도	019
김관용	춘천에서 만나요	021
김금옥	백발 홍어	024
김금용	푸른 돌이끼	026
김 루	물속 엘리스	028
김무영	콩나물	030
김밝은	시, 3	032
김백겸	대전 금강은 청주 미호천과 만나…	033
김서나	품위	035
김선아	헛바람	037
김연아	헤엄치는 소녀	038
김영재	사막은 좌우가 없다	042
김영찬	웃는 마음의 주인들	043
김왕노	여름밤	045
김 윤	녹동	046

김은정	규정집	048
김인숙	이정표를 회상하다	049
김일연	눈 오는 저녁의 시	051
김정인	바람이 운다	052
김종해	오늘은 비	054
김지헌	녹청	055
김찬옥	꽃무릇	056
김추인	어느 청개구리의 일기	057
김현지	일만 번의 종소리, 일만 마리 물고기 되어	058
김혜천	아틀란티스	059

2부

나태주	아침 자전거	062
동시영	한 마디 말처럼	063
류미야	가을	065
문효치	바위 40	067
박금성	밤, 넘지 못하는	069
박무웅	풍경風磬	070
박분필	각석刻石, 천전리	072
박수빈	스프링	074

박수화	살구나무와 오디	075
박수현	김치전	076
박이영	어제는 장마를 가진 수요일을 건너갔다	078
박일만	한가지	080
박종국	숨비소리	082
배윤주	내 안의 이에게 부탁하노니	084
백우선	미제레레	086
백 현	뒤로 걷기	087
서경온	갇힌 자유	089
설태수	우리들의 샹그릴라 307	091
손현숙	커피는 너무 쓰고 마카롱은 너무 달다	092
송소영	표류도	093
신달자	꽃무늬 옷을 샀다	094
신명옥	꿈의 버튼	096
신미균	이별 연습	098
신병은	민달팽이 두 마리	100
신원철	심우도	101
심종록	가을 강	103
엄재국	장미에 앉은 나비	104
오덕순	파우치를 이해하다	106
오세영	결별	108

3부

오탁번	아침 인사	112
오현정	시인의 모자 3	113
우정연	햇살 아래 드는 고요	114
유안진	이마 기도	116
유현숙	가을 이야기	117
尹錫山	그녀의 주말	119
윤의섭	Y의 날	121
윤정구	천마산 만세	123
윤홍조	북어	125
이건청	먼 집	127
이 경	그림 속 그림자 읽기	128
이경철	성벽 산책	130
이규리	정말 부드럽다는 건	131
이나명	달 없는 밤	133
이만주	신도시와 혁신도시	135
이미산	빨랫비누가 닳아지듯이	137
이순현	현기증	138
이영식	오늘의 두부	140
이인원	포테이토칩을 한입보다 크게 만드는 이유	142
이인주	여우를 위로함	144

이채민	이팝꽃	146
이학성	둥글어지기까지	147
이화영	튤립의 언어	148
이화은	여자가 달린다 빙빙	150
임호상	홍어	152
장영님	버리고 간다	153
장인무	새우잠	155
장현두	가을 속에 서서	157
전순영	나를 줍다	158

4부

정민나	테제베	162
정상하	내일 다시 오겠습니다	164
정시마	제3의 슬픔	166
정영선	백일을 건너는 건 너만이 아니다	169
정영숙	로얄 플러쉬	171
정재분	신두리 사구	173
정하선	아메리카에서도 토마토가 잘 자라나요	174
조승래	고고학적 상상력	176
조연향	슬픔이라는 완장	177

조창환	곱구나	178
진 란	시월을 사랑한 건 오래전 일이에요	179
채 들	개구리밥	181
최금녀	매일 웃는다	183
최도선	청출어람	185
최문자	빈 노트	187
최형심	타인의 나날	190
하두자	비타민이 자란다	192
한경옥	욕심	194
한영숙	나비의 꿈	195
한영옥	느낌, 숲	196
한이나	높이뛰기	197
한정원	조슈아 나무 아래 감자	199
허영자	수석 한 점 壽石一點	201
허형만	산까치	203
홍경흠	황량한 벌판에 서다 1	205
홍사성	발바닥에 대한 예의	206
홍성란	와이퍼	207

■ **시인 약력**   209

1부

새사람이 올 것이다

감태준

기다리는 사람이 있었으나
더 기다리지 않기로 했다.
그는 혼을 팔고 진실을 저버린 자.

언 냇물 소리 풀려 살얼음 밑으로 흐른다.
바위벽을 때리고 울던 파도는
썰물에 끌려 나갔다.

머잖아 살얼음도 풀리리라.
살얼음 풀리면 새사람이 올 것이다.
나에게 과거를 뉘우치러 올 것이다.

오늘은 신의 선물,
고맙게 살고 있으면 기다리지 않아도
야윈 거지처럼 바라지 않아도.

슬픔

강경호

해마다 헌 책을 버린다
집에 둘 데도 없지만 마음에서 멀어진 책들이 우선이다
처음엔 책이었다가 버릴 땐 고물이다
해마다 사람들을 지운다
죽었거나 만날 일이 없는 사람들이다
길거리를 가다가 수많은 사람들을 본다
새로 누군가의 전화부에 새겨지거나 버려질 것이다
새 책의 감동이었다가 고물처럼 버려질 것이다
어느 날은 오래 아껴두고 보았던 책들마저
부질없다는 생각이 들어
고물상에 버렸다
계절마다 한 권씩 문예지를 만들어 보내지만
누군가는 해마다 고물로 버릴 것이다
어쩌다 들어간 헌책방에서
누군가에게 보내준 내 책을 만났다
오늘도 누군가가 죽을 것이다
죽기도 전에 전화부에서 내 이름이 지워질 것이다.

소혹성 327호
―술꾼의 별

강서완

술병이 넘어진다
보는 눈이 많을수록
수치羞恥가 번진다

바람이 불고
보는 눈이 있거나 없거나
술병이 넘어진다

바람이 불지 않아도
수치가 넘어지고
빈병이 쌓인다

넘치는 무게로 비틀리는 입술들 흔들리는 사물들
점 점 점 어둠속으로 사라지는 환상들

  수치羞恥는 몽롱하지 비틀린 입술에서 노을이 쏟아지지

수치가 술병을 부르고
술병이 수치를 놓지 못하는

오랜 시소 끝에 술병은 생각했지 '잔을 창조하자'
서녘에 엎질러진 노을만큼 취기를 흘리자
덜어낸 무게로 어둠을 건너자

술잔에 국경이 생겼지
술병 속 광기절망탐욕공포나약늑대쥐뱀전갈여우…
잔의 숨은 구멍 속으로 검은 노을이 흘러들어가지

눈감고도 넘치지 않는 수치羞恥

신의 연주가 끝나는 저녁
한 무더기 빈병 속 노을은 몇 평쯤 될까

낙엽의 표정

곽인숙

과거와 현재로 나누어진
두 개의 표정으로
자전거 페달을 밟아댑니다

마음속에 쟁여둔 서러운 것들이
아무 일 없었다는 듯
힘차게 돌아가고 있습니다

힘난한 세월을 견디어 온
타이어 자국들이
세파에 부딪힌 나의 가슴팍처럼 보입니다

여린 꽃잎은 간데없고
가련하게도
구멍 송송 뚫린
한 생의 이력서만이 나를 지키고 있습니다

파도

금보성

나도 너처럼 가슴까지 찬
말 못할 설움 숨기고 싶지

속창시까지 치대고 또 치대면
봉지 가루약 한 줌 삼키며
겨울 내내 콜록거리며 살았지

여름이면 괜찮아질거라고
호언장담 하며 맹세도 했지

했던말 또하고 또하고
너는 속 쓰리다면서도
바닥을 드러내지 않았지

철썩거리며 돌아가는 뒷모습 보며
먹던 봉지 가루약이라도 줄 걸

너도 나처럼
말 못할 서러움이
그렇게 많은데

춘천에서 만나요

김관용

자고 난 후 스며드는 또 다른 잠과 평화에 이르러서야 다시 찾아오는 평화, 언니, 염혜지焰慧地에 접어든 자비로운 손이 양피지 위의 석회수처럼 속을 태우며 말라가요 던져진 돌이 바닥으로 가라앉을 때까지 호수는 행과 불행의 경계를 지우고 찬 공기에 이끌려온 허공의 소리들이 두 발의 열로 부풀어요 핏기 없는 불면을 일으켜 앉히고 죽을 떠먹이다가 언니는 역류라는 말에 물을 절반이나 쏟았지요 네 육체로 내가 아픈 것이니, 우리는 늘 잘못된 길을 달리다 넘어질 것이니, 낯설고 불안했지만 언니의 고백은 언제나 환하고 아름다웠어요 한 때는 사막의 별자리였으며 눈이라 연상되는 것들을 모아 궤짝을 짜면 그 속에 차곡차곡 쌓인 감정들이기도 했던 당신, 얼마나 고요한 시간에 눈을 맞추어야 우리는 물의 입구가 되어 있을까요 비도 없이 비가 내리는데 오래된 옷가지의 묵은 냄새는 안간힘이었던 것 같아요 식도가 붓고 식은땀이 나던 걸요 몹시 살도 빠졌어요 물끄러미 내려다보며 들어주는 것이 전부인 위로지만 그보다 먼 길을 걸어왔으니까요 가령, 혼자 있는 게 무서울 때 오는 병病이 있잖아요 언니는 아프다 아픔은 숨겨야 한다 아픔을 감출 수 있을 때까지가 인연이란다 자신의 목소리를 녹음하고 그것을 자신의 것이라고 알아챌 때까지가 축복이란다 산양의 묽은 젖이 도는 듯한 밤에도 우리는 다시 태어나려고 애를 쓰는데, 오늘은 빈집으로 돌아오는 흰개미들의 순례를 우두커니 바람으로만 들었어요 약속이 금지된 세상에서의 약속은 자신의 고대로 넘어가는 언덕 같은 것인지, 잠 없는 잠과 뼈아픈 평화, 하얀 시트 위에서 사라진 마을과 아직 생기지 않은 도시에 관해서 묻고 싶어요 그리고 언니, 우리의 황홀한 운명에 관해서도요 정말 먼 길을 걸어왔네요 춘천으로 가요 느닷없이 피와

살과 뼈가 되어버린 어느 구전으로만 전해지는 계절에

ps. 어쩌면 당신은 내가 없어진 이후 잠시 나를 다녀간 생각인지도 모르겠어요

백발 홍어

김금옥

 만 오천 원 받아 파마 약값도 안 나온다며 도회지로 다 빠져나간 통에 미자 아지메, 나마저 나가면 누가 있어 늙은 할마씨들 뽀까주노. 사람도 이러코롬 쭈굴쭈굴 허게스리 발효가 디어야 하는-디. 지리산 팔백고지에서 내려와 미장원 들러서 숨 고르며 소파에 앉으시는 팔순노인 말씀. 아아, 미자 아지메 보고 하는 말인가 아니면 뉘보고 하는 말인가. 다 떠나버려 이젠 꼼짝없이 비녀 꼽는 거 아닌가 생각햇는-디. 이러코롬 고향 지키닌-께 허는 말이여.
 평소 무뚝뚝하기로서는 황소고집만큼 세다는 최씨 할머니, 미자 아지메에게 인심쓰듯 처음으로 내뱉은 말이다.
 내 내려온 김에 홍어 한 마리 사야것-어 낼 모레이 넝감 생일인디. 잘 삭쿼질려나 모르것는디 짚새기에 막걸리 한 댓박하고 한 사발 더 넣어야 할랑게비여. 그거야 할머니 맴인께. 코쿠멍 뻥 뚫리게만 삭쿠시오. 그라지라, 사람두 홍어맹키로 발효가 되어야 하는디. 무던하기가 뭐 싶당가 홍어는 막걸리를 걸쭉하게 걸쳐야 한당께. 여그 앉으시요 내 녕감 생신 축하로 오늘, 새색시 만들어 드릴탱-께.

  할머니의 눈이 그렁그렁해진다. 할아버지와 산 육십년의 곰삭은 백발 홍어 한 마리 거울 속 눈물콧물 톡 쏘도록 발효되고 있다.

푸른 돌이끼

김금용

둔해지자고 속삭인다
목소리를 안으로 저며둔 돌이 되자고 타이른다
각은 감춰
입은 다물어
어둠을 빨아봐
엄마 자궁 안에 들어앉아 무릎을 모으고
둥글게 어깨를 낮춰봐
소리도 향기도 없어서 누구든 짓밟고 지나가지만
뒤덮인 도시의 매캐한 오보뉴스까지 받아 안고 기다려봐

금 간 틈바구니로 빛을 받아먹은 내 안의 씨
입술이 열리고 있어
빛살 건반을 밟는 푸른 발바닥
물기 문 채 미끄러지는
갓 눈 뜬 떨림

그래, 꽃이야
푸른 꽃이야

물속 엘리스

김 루

태양이 지고
바다가 잠들면
우리는 양초로 어둠을 밝힙니다

물의 정령을 위해
기도하는 아이들을 위해
아래로 더 아래로
물길을 열면
순록은 어디로 헤엄쳐 갈까요

바람을 볼 수 없어
양초는 뜨거워져 가는데
기도할수록 맨발입니다

아이는 어느 초원클럽에서 풀을 뜯고 있을까
그림자는 내 곁인데

아이는 보이지 않습니다

하루 한 달 십 년
시베리아에서 툰드라로
건너간 달빛은 순록이었을까요
치마 입은 밤이 달빛을 건너갑니다

나뭇잎 한 장으로
전생을 다 가릴 순 없지만
주름을 펼치는
물속 고요는 낯섭니다

콩나물

김무영

콩나물은 물을 싫어했다

먼저 물속에 집어넣으려고 기운은 다 빠져나가
몸 만 가늘어져 쭈빗거린다
콩을 상상할 때 항상 뽀얗고 예쁜 모습이지만
시루에 갇힌 콩은 아우성이다
처음엔 그 물이 좋아 받아 마셨다
그러다가 중독이 되어
앙상한 뿌리와 가는 허리와 시기만 남은 몰골로
자신을 가누지 못한 채 허물을 벗고 만다
누가 해치든가 통 채 앗아가도 모를 무의식으로 허우적거리다가
목과 다리가 잘려 나가
외계인으로 사라지는 것이다
그들은 그들의 자손에게 그 진실을 알리지 못하고

떠나기에

　아직도 그 물을 마시고 있다

시, 3

김밝은

까짓것,
하루만 누워 있자 사흘만 눈감자
열흘만 미루자 … 하다가
된바람을 맞았다

개점휴업 중,

베짱이의 눈물만 차려진 식탁처럼
먼지만 쌓여가는 그릇들
가지런히 세워지지 못해 쪼글쪼글해진 찬거리들
상차림 흔적만 멋쩍게 굴러다닌다

사는 동안 한번쯤
성업 중입니다

어깨 으쓱이는 날이 와주기는 할까

대전 금강은 청주 미호천과 만나 세종 합강으로 흘러가고 있습니다

김백겸

금강변 자전거 도로를 질주하는 사이클 인생이여

하늘아래 바람이 불고, 길가에는 난해한 기호처럼 쑥부쟁이 꽃들이 피었는데 지하 세상의 황천처럼 금강이 흐르고 있습니다

뭉게구름의 그림자가 바닥에 잠겨있는데 몽상의 코끼리가 밀림을 향해 걸어가다가 무너지는 환영을 보여주면서 금강은 흐르고 있습니다

세찬 바람은 흐른 악기처럼 구부러진 한 낮의 시간을 돌아서 몸도 없고 정신도 없는 허공으로 가는 길을 보여 주었습니다

우로보로스(Ouroboros)-금강이 사행천으로 흘러가면서 한반도 백두대간 서쪽 평야에 지층의 흔적을 남겼습니다

금강변 플라타너스는 카발라(Kabbalah)-생명나무의 지문指紋처럼 잎을 피우고 떨어뜨리는 놀이를 계속

했습니다

  별들의 간섭 파장이 포루투나(Fortuna)-운명의 여신이 디자인한 방황 인생을 지나 암흑 스페이스로 흘러갔습니다

  산티아고로 가는 순례자는 순간의 물고기들을 먹으며 살이 쪘기에 영원이 지나가지 못하는 지금 현재의 바늘구멍-죽음을 후회처럼 바라보고 있습니다

품위

김서나

잊혀진 나무가 되는 것이다

깡그리 잊혀진 나무가 되는 것이다

점심 후에 뒤져보면 나오는
눌러붙은 껌딱지로는 언감생심 올려보지 못할
앞니 사이에 낀 고춧가루를 위용있게 떨어뜨릴
이쑤시개 같은 나무가 되는 것이다

일회용 자부심이 상한치로 올라오더라도
바로 허리 꺾는
겸손함도 갖출 일이다

그리고 가차없이 버려지자

우연한 기회에

날 버린 그 놈이
다시 한번 더 밟고 지나가더라도
신발 밑창 과감히 찌르는 과용은 부리지 말자

반토막난 몸
어부지리로 볕 좋은 땅에 다시 꽂혀도
땅 기운에 응대해 새 잎 틔우는
미욱한 나무는 되지 말자

꽃잎 한송이 잉태해주십사 기원 매다는
채산성 잃은 나무는
더욱 되지 말자

품위는 딱 한번
그것으로 족하다

헛바람

김선아

 과대포장의 습성은 나도 모르는 사이에 내 기질이 되었다. 신작특집으로 조명 받고 수상자로 유명 시인이 호명될 때면 그 시인의 번민, 고독, 불면의 눈물은 잊고 다만 불온한 생각을 앞세우기도 했다. 어느 봄날 문단 행사장에서 난생 처음 셀카봉을 들고 단체사진을 찍게 되었다. 작은 얼굴이 대세인 요즘 모두들 얼짱각도를 골라 각자 선호하는 위치에 섰다. 그럴 때마다 내 얼굴이 크게, 설악산 울산바위도 가릴 만큼 크게 찍혔다. 큰 얼굴은 완전 내 취향, 기회였다. 새로운 장르, 얼짱각도의 시詩가 유행할수록 나는 점점 헛물켜는데 익숙해져갔다. 개발새발 쓸망정 셀카봉 든 내 헛바람시詩를 주목해줄 세상이 올지도 몰라, 거기까지 생각하던 나는 독주 같은 재채기에 시달렸다.

헤엄치는 소녀

김연아

핏빛으로 물든 저물녘 부둣가
검은 옷을 입은 사내 홀로 낚시를 한다

흰 뼈만 남은 물고기가 줄 끝에 올라온다
익룡의 후손 같은 커다란 새가
흰 뼈를 낚아챈다

크레인의 강철 손은 물속으로
총알 상자를 떨어뜨린다

너는 물고기자리에 앉아 트럼펫을 분다
헤엄치는 소녀가
물 위로 고개를 내민다

  네 부드러운 입김을 나에게 줘
  나의 심장은

너의 리듬에 맞춰 두근거렸어

사내가 물고기의 흰 뼈를 낚는 동안
크레인의 집게 손이 물고기 몸을 가진 소녀를
거꾸로 집어 올렸다
철탑 주위를 도는
새의 눈엔 뱀의 안광이 번뜩였다

소녀가 공중으로 끌어 올려지다
부둣가 콘크리트 바닥으로
떨. 어. 진. 다.
소녀의 비명이 부두에 울려 퍼진다

검은 옷의 경찰들이 달려오고
흰 구급차와 동물 수송차가 도착한다

소녀의 몸을 따라 바닥에 하얀 선이 그려지고
플래시가 터지고
소녀의 몸 안에서 흰 물고기 뼈가 드러난다

검은옷과 흰옷들은 좌우에 서서
톱을 들고 소녀의 몸을 자른다
잘린 몸의 반은 구급차에
반은 동물 수송차에 실려 간다

소녀 모양의 하얀 선이
부둣가에 누워 있다
너는 트럼펫을 불며 소녀의 그림자 주위를 돈다

보이지 않는 신들은 교미를 하고
물고기자리 그림자를 바닥으로 내려보낸다

소녀의 그림자를 태우고
구름을 건너 별자리가 간다
너의 트럼펫 소리가 빈 하늘에 울려 퍼진다
밤의 눈꺼풀이 검고 푸르게 내려앉는다

* Raoul Servais - Sirene (1968)에서 이미지 차용

사막은 좌우가 없다

김영재

사막 횡단 차창 밖 전후좌우 모래다

졸다가 깨어나 이 생각 저 궁리 해봐도

사막은 모래뿐이다

좌우가 없었다

종일을 가도 가도 아스라한 모래 위에

살아 있기도 했지만 죽어 있는 호양나무

생사가 별게 아니었다

그 모습 당당했다

웃는 마음의 주인들

김영찬

물 없는 수영장에서 호크니 *David Hockney*를 만
난 마그리트 *René Magritte*는
모자 속에 흰 물고기를 품고서
"이것은, 물고기를 모자 씌운 모자가 결코 아니다."
라고
우기겠지

물고기는 흰 지느러미 날을 세워 수직으로 날다가
물 빠진 모자 속에
검푸른 비늘을 털겠지

이륜거를 탄 물고기가 한때 잊었던 여인에게 알을
슬거나말거나
호크니는 숱 없는 머리를 빗고
마그리트는 파이프 던져 불을 끄겠지

아시다시피

그림쟁이들이란 캔버스 안에서 언제든지 바보가 된다

여름밤

김왕노

구시렁, 구시렁
비 내리는 밤
부스럭, 부스럭
기억을 뒤지면
하지감자
한 자루 이고
아리랑, 아리랑 고개
홀로 넘어오는
비에 젖은 어머니
꼬로록 꼬로록
배고픈 내게
감자 쪄주려고
서둘러, 서둘러
오시던 어머니

녹동

김 윤

녹동 포구에
배를 매어 놓은 사람을 알아

모터가 달린 작은 배
그 때 넘실대며
같이 갈 수도 있었네
흰 그림자같이 살구꽃이 핀 서러운 섬을
건너편에 서서 바라보다가

저 너울을 건널 수 있을까
생각만 하다가
뗄배 타듯 무릎으로 밀어서
내 봄을 다 보냈지

그 사람은 저무는 섬을 끌고
어디쯤에 그물을 던졌을까

시간이 캄캄한 그물 안에서
까치발로 흘러갔을까
밥집에서 누가
원창까지 가면 기차가 있다고 했네
매운 장엇국에 시린 흰밥

그 배
지금도 녹동에 가면
출렁거리고 있겠네

규정집

김은정

  규정집이 왔다.

  이제 나는 오로지 규정대로 말하고 규정대로 모이고 규정대로 흩어지고 규정대로 숨 쉬고 규정대로 먹고 규정대로 쉬고 규정에 없는 일은 해서는 안 된다. 규정집 안에서 꿈꾸어야 하고 규정집 안에서 사랑해야 하며 규정집 바깥의 어떤 것도 수용해선 안 된다. 규정집은 내용과 범위 그리고 절차의 악보, 단칼로 치장한 담장, 점 하나도 어김없는 거푸집, 판박이 공장이다. 규정대로 태어나 규정대로 교육 받고 규정대로 성장하여 규정대로 짝짓기하고 규정을 두고 아웅다웅하다가 규정대로 늙어 규정대로 사망해야 할 판 말이다. 사망 후는 또 어떤가? 역시 규정대로 장례식을 치르고 매장되거나 흩뿌려진다. 사후조차 규정에 의해 관리된다.

  늘 긍정하는 아이히만이 승진할 것이다.
  투덜투덜!

이정표를 회상하다

김인숙

멀어져간 이정표를 바라보았네
한낮 그림자가 꽃병을 엎지를까봐
거실 창문 안쪽 의자에서,
어떤 풍경도 속이지 못하는 투명을
지켜만 보았네

아무도 끄지 못하는 낮이 기우는 동안
창밖엔 빗줄기가 날아올랐고
바람에 흔들린 밤을 끔뻑끔뻑 떠돌며
흘기던 눈들이 사라져 갔네
아지랑이가 살짝 묻어있는 이정표엔
우리들의 이름이 저마다의 방식으로
신발을 벗어 놓고 갔네

층계를 굴러 내려가는 목소리에
자꾸 귀를 세웠지만

내 귀는 끝내 난청이 되어 버렸네
절대로 변하지 않을 이정표의 이름만 부르다
그 이름들은
끓어 넘치는 카레라이스처럼 솟아오를 거라고

눈 오는 저녁의 시

김일연

어둠에 눈이 깊던 맑은 날들을 길어

내 언제 저렇도록 맹목을 위해서만

저무는 너의 유리창에 부서질 수 있을까

무섭지도 않으냐 어리고 가여운 것아

내 정녕 어둠 속에 깨끗한 한 줄 시로만

즐겁게 뛰어내리며 무너질 수 있을까

바람이 운다

김정인

눈꽃 축제가 한창인 태백에 와서
혹한의 산을 오른다
산등성에 다다를수록 나이든 주목들은
결연에 찬 모습으로
꽁꽁 언 발가락을 꼼지락거리고
나는 마비되어 오는 손끝을 비튼다

오던 길 돌아설까 망설이는데
큰 소리로 바람이 운다
한 때는 내 절망의 숨결이었던 바람
울음을 뱉지도 못하는 나무들은
되돌아가는 길도 쉽지는 않다고
앞만 보고 가라고

눈 덮인 가파른 비탈길
누군가 비닐썰매를 타고 지나가고

위태롭던 한 생이 주춤거린
등산로 로프엔
고르는 숨 한 뼘이 기대어 있다

오늘밤도 낯선 등에
긴 밤의 모서리를 걸쳐보다가
등을 돌리고 누운 그대여
새로 맞는 밤에도 바람이 분다

오늘은 비

김종해

아침에 잠 깨니
유리창에 빗방울이 가득 맺혀 있다
밤 사이 하늘이 써서 보낸 기별을
나는 놓쳤다
하늘은 아직 어둡고
바람은 유리창에 제 모습을 적어 놓지 않았다
사람 살아가는 일 다 그렇지
단순하지
비가 오니까
오늘 아침 나는 우산을 들고
집을 나설 것이다
일상 속에서 일상의 바람에 부대끼며
오늘 내린 빗방울에
조금은 옷자락이 젖을 것이다
젖는 일마저
나는 편안하게 받아들일 것이다

녹청

김지헌

지하의 돌문을 열었다

십오 세기 얀 반에이크의 그림 속 녹청색 드레스
번개 치듯 드러나는 머릿속 감광지에
오랫동안 잊고 있던 무늬가 돌연 찍혀 나왔다

인류 역사상 가장 오래된 맹독성 바이러스
백신이 결코 나오지 않을 그 사랑
차갑게 식어버린 미라의 심장에서도 살아남은 인간의 오랜 습성
 그 사랑을 위해
 남은 생을 모두 끌어다 쓰겠다

꽃무릇

김찬옥

해가 져야만 달이 피어나지
달이 져야만 해가 피어날 수 있지
한 뿌리를 두고도 잎과 꽃이 만날 수가 없지

잎이 땅 속에서 거름이 될 때
꽃숭어리들이 바닥을 차고 솟아올라
태양의 후예가 되었지

허공 층에 꽃 뭉치를 굴리며
붉은 색실을 올올히 풀어보다가
산사에서 날려 보낸 덫에 귀가 걸렸지

선운사를 빨갛게 달군
절간 모퉁이에서, 나는 들었지
상대의 발아래 엎드려 두 손 모은 잎의 기도소리를

어느 청개구리의 일기

김추인

도움닫기를 꿈꾼다
찰나를 잡고 장대를 넘는 꿈

백년 모래의 길일지라도
그곳, 누룩 뱀 아가릴 지라도
높이 오르기 위해
포복을 마다 않았다
밤 그 너머 개벽할 새벽이
있다는 거 아는데
누구냐
내 발목을 잡고 늘어지는 놈
게아재비냐 장구애비냐

올챙이 시절은 잊어 다오
몇 번의 변복 후 솟구쳐 오르는
생 초록, **밀리터리 룩**을 보라

일만 번의 종소리,
일만 마리 물고기 되어

김현지

  일만 개의 바윗돌 위로 일만 개의 종소리 날아오르네. 먼 바다로부터 미륵불 따라온 일만 부레들 너덜을 타고 오른 만어산, 일만의 종소리 따라 내가 날으네 일만 물고기 따라 내가 흐르네.

  우 우 우박 쏟아지는 하늘 향해 우억우억 기어오르는… 천둥소리에 부딪쳐 까무러치듯 빗줄기에 잠기는 일만의 아가미 사이로 물갈퀴 사이로…

  댕댕 내 몸에서 나는 내 종소리, 내 몸에 돋아난 은빛 지느러미 흔들며 흔들며… 일만의 바다, 일만의 미륵불이 일어서는 안개사이로 일만 한 번째의 물고기 되어, 종소리 되어 내가 흐르네

아틀란티스

김혜천

남루한 옷을 걸치고

닿을 수 없는 곳을 향하여 길을 떠난다

촉수를 세워

순서도 없이 의식면에 떠 올랐다 사라지는

이마주의 파편을 잡으러 떠도는 광대

적의 심장을 관통할 화살촉에

다이아몬드를 물리는 낭비

잃어버린 대륙을 찾아

흙먼지를 일으키며 유목민의 피를 흘린다

신전과 보석들은 어디에 잠들어 있나

보였다 사라지고 보였다 사라지는

언어의 사원은 닿을 수 없어 더 닿고 싶은 꿈이다

오늘도 계속되는 질주

깊은 곳에서 더 깊어지는 아틀란티스

2부

아침 자전거

나태주

모처럼 아침 일찍 일어나
자전거 타고 찬바람 쐬니
어머니 생각 문득 난다

어머니 그 나라에서
평안하신지요?
어머니 그 나라에서는
아프지 마세요
다 내려놓고 편히 쉬세요
이 땅에 계셨을 때
더 잘해드리지 못한 일
마음 아파요

찬바람이 그리운 마음
데려왔다가
눈물과 울음까지 데리고 간다.

한 마디 말처럼

동시영

하늘과 땅은 영원의 입술
거기
한 마디 말처럼 우리는 산다

누구의 손에 끼웠는지
모르고 사는 반지처럼
세상에 끼워 사는 사람들

오늘은
어디 있는지 몰라
그냥 서 있는 곳
손으론 손자국 판화
발로는 발자국 판화

삶은 허공에서 길 찾기
새들은 안다

허공이 영원이라는 걸
사는 건 경계가 경계를 허무는 것

목숨은 갈수록 쌀쌀한 남
그들이 쓴 시간이 그들을 버린다

벚꽃이 벗하는 봄날
산 같은 빌딩
계곡 같은 골목
물 같은 사람들

사람들은 낯섦이 닳아
익숙해질까 봐 아껴 쓰고 있다
입에 드나드는 천사
웃음 하나 꺼내 본다

가을

류미야

 사라진 뒤꿈치에서 없는 소리가 나요

 풀벌레의 울음도 뒤꿈치에서 난다지요 잎마다 입 맞추는 빛을 거둬들이며 날마다 허리 꺾어 요절하던 생입니다 저마다 손가락으로 달을 가리켰지만 미숙한 생의生意는 늘 부풀다 꺼졌지요 함부로 예언하는 목소리는 다정합니다 *시들고 싶은 게지?* 아니요, 안 그래요, 꽃피고 싶은걸요 불멸은 어제 죽었고 찰나는 내일 살아요 조락이 마른 중추中樞에 꽃불을 놓잖아요 보름과 삭망의 기울기가 가파른 건 폐허로 가는 길이 좁고 아름다워서

 그 빨간 장미의 피를 몰래 마신단 뜻입니다

 죄 없는 짐승처럼
 웅크린
 그믐입니다

보셔요,
꽉 찬 고요의 귀퉁이에 닿으려

얼마나 안간힘으로들 멈춰 서고 있는지

바위 40

문효치

저 많은 흙을 어디서
누가 가져다 놓았을까

그 중 어떤 흙은
집이 되고 노래가 되고
어떤 흙은
짐승이 되어 저리도 울부짖고

그 중 무엇을 꿈꾸던 흙이 뭉쳐서 내가 되어
이 깊은 고뇌의 숲을 지키고 있을까

누구의 무슨 죄가 날아다니다가
영영 갈 곳이 없어
나에게 붙었을까

아끼다가 아끼다가

땅 속에 묻어 감춰둔 천체의 웃음소리
내 몸으로 눌러 지키고 있는데
어디서 날아든 뜨거운 번민
내 몸속을 파고드는가

밤, 넘지 못하는

박금성

밤 12시 45분이 지나가고 있다
2시를 지나갈 것이다

처마에서 뛰어내리려는 풍경
2시를 넘어가겠지

철새들 밤 속으로 사라지고
비행기 어두운 하늘에서 멀어지고
문풍지 입술이 점점 커지고

넓고 깊어 끝이 안 보이는 벽
내가 밤을 넘어가려 하고 있다, 깜깜한

20년 된 의자 내 등에서 삐거덕댔는데

햇살을 쪼아대고 있는 새들

풍경風磬

박무웅

댕그렁 이것은 물고기의 소리다
저 산문山門 밖 아래로 아래로 흐른다는
뭍을 꿈꾸는 소리다
아니, 근처 계곡을 거슬러 흐른다는
발 달린 물줄기가
천년을 기다리는 소리다

아니, 사람들이 즐긴다는
비린내 난다는 그 시시한 물고기 말고
이제 겨우 백년 쯤 된
잠잠히 있다가도 분분紛紛한 바람을 숨 쉬는
바짝 마른 그 물고기

어쩌다 바람의 운용運用에나 매달려
일생을 소리로 닳아가고 있다

댕그렁, 댕그렁
바람의 내장內臟이란 이처럼 맑다
먹은 것은 공空 뿐이니 배설排泄이 없다

일생을 무심無心에 맡겨놓고
시간이여 예 와서 닳아라 닳아라 한다

각석刻石, 천전리

박분필

엉거주춤 어깨에 걸친
죽은 사슴에서
붉은 꽃 넝쿨이 흘러내릴 때

바람이든 햇살이든 태어난 모든 것들은
태어난 대접을 받아야지
고민한 당신은
영감에 사로잡힌 시인

선한 눈빛, 공손한 손이 머리를 조아리고
사슴을 그렸습니다
기념비처럼

당신의 손끝에서 다시 태어난 사슴이
바위절벽을 타고 푸른 꽃이 피는 숲으로 돌아갈 때
환하게 웃었을 당신의 표정

사슴은,
두려움을 입고
한 세월을 끝없이 걷고 있는 당신입니다
동심원, 나선무늬 물결무늬 속으로

파도가 결국은,
물거품에 도달하기 위해서 허우적대며 달리듯이

슬픔 저 너머가
별들의 무덤이거나 칡꽃 무성한 보랏빛
숲인지 알지 못하지만

시인은 결코
추억을 버리지 않습니다
절뚝절뚝 절면서도 끌고 갑니다

스프링

박수빈

예전 봄이 아니야 마스크에 진눈깨비 진다
진눈깨비가 다가 아니야
그러니 생일이 된다
네가 새 애인 데리고 내 생일날 간 데 다시 간다
좋은 추억만 간직해
그러니 새가 된다
심장의 온기를 전하던 새가 날자 나무가 달리고 싶다
그러니 버스에서 졸던 얼굴이 내리고
덜커덩 소리 나는 가방이 종점을 향하고
종점 도착할 때까지는 종점이 아니야
그러니 말이 막걸리가 되는지
이런지 저런지 박쥐가 된다
박쥐가 다가 아니야
그러니 움이 트고
움과 몸은 도마뱀처럼 튕겨 꼬리들이 아니야 아니야

살구나무와 오디

박수화

아싹아싹 잘 익어 입속이 새까맣다
산뽕나무 오디 따 먹고
내설악 골짝바람 불어 후두둑
살구나무 이파리들 오디 한 짐
이고 지고 아찔하다
새벽노을에 잠 깬 산마을 이웃 잔치구나
살구나무야 네 그늘 쉼터 새참 먹는
우리에게 한들한들 내어주는구나
서로들 식구들로 엉겨 붙고
아궁이 밥솥에 누룽지 눌어붙듯
산바람 구름물결 속에 우리들
까마득 오디빛깔로 영글어간다
낭창낭창 휘어진 가지들아
오디 얼룩 덧칠한 풋살구 열매들아
네 바람 끌어안고 반갑다고 새암바리
새침바람이 먼저 이파리들 간지럼 먹인다

김치전

박수현

 오래된 부부에게는 김치전 냄새가 납니다 김칫독 속 흰 골마지 낀 한쪽을 찬물에 헹구고, 들기름 둘러 지져 낸 쿰쿰한 지짐이 말이지요 당신과 나, 웃자란 시간을 접시에 담아서 딸각딸각 쇠젓가락을 움직여 찢어 먹습니다 오뉴월 푸성귀같이 푸르게 뻗치던 오래된 불화와 오독들도 어느 결에 이리 순해지는군요

 흐린 눈길을 주고받으며 늘어난 약봉지의 분량을 서로 챙기는 쓸쓸한 평화라니요 유효기간이 아스라한 몸을 그저 지켜보는 게, 막 빨아 새물내 날망정 무릎이 너무 튀어나온 바지를 그저 하염없이 만지작거리는 것도 같습니다 당신과 나, 쿰쿰한 김치전에다 막걸리 한 잔 얹으며, 너무 많이 온 마음과 아직 당도하지 못한 마음을 못 본 척할 뿐입니다

 꼭 손바닥만 한 김치전의 따뜻하고 헛헛한 그 무엇

이 여기 있다며, 쓸쓸해진 이 저녁은 누가 버리고 간 뒷모습인가요 김치전을 먹으면서, 서로를 건너는 일이 저 꽃 저문 자리처럼 캄캄해하는 것임을 알겠습니다

어제는 장마를 가진 수요일을 건너갔다

박이영

행선지를 모르는 비가 수요일의 속도로 달린다

무심히 나의 것으로 쓰고 있는 빛
비오는 날의 이사로 그 무게를 환산한다

태어날 때 얻은 울음이 있어
악을 쓰는 일은 그리 무심하지 않다

양팔저울을 두고
툭 떨어져 온전한 동백이 그렇다

휴일을 가진 빵과 별과 하늘, 주일을 가진 신이 그렇다

발과 땅,
진동의 거리는 활화산의 지점,
신[장마]은 방을 물로 채웠다

불안한 소용돌이 속에서
튀어 오르는 빗방울을 백야의 무게로 접어 두었다
모두가 집을 지키려 집을 나가고

하느님을 창으로 견인했다

한가지

박일만

꽃 피우기는 영 글러버린 화초를 내 놓았다
춥고 긴 겨울이었다
화초는 죽었는지 살았는지 부동자세로
성자처럼 겨울을 났다
큰 눈이 와 잎에, 가지에 쌓여 온몸이 축 처졌다
내 어깨를 짓누르는 세월의 무게를 닮았다

이른 봄
앗!
내다버리려던 눈길을 때리는 촉

불에 데인 듯 화들짝 놀랐다
꽃을 피우려고 필사적으로 솟아오른 생의 중심

꽃대

삶과 죽음이
한가지로 겨울을 났다

숨비소리

박종국

징그럽게 따라다니는 세월의 밑바닥으로부터 삶을 건져 올리는
숨비소리는

살아가는 게 살아가는 게 아니라서
한이 맺힌 곳에 또 한을 맺게 하는 삶을 씹어 뱉는

모든 삶의 근거를 되묻는 말같이
죽은 줄 알았던 내 안의 내가 울기 시작하는 것같이

바다를 거울삼아 자맥질하는 말문이 막히는 소리, 생의 바깥에서
근근이 살아가는 소박하고 선량한 눈물이고 아픔인 소리 같다, 이런 슬픔이

전복이며 고동, 성게까지

죽지 못해 이어가는 삶까지
지나가 버린 낮과 밤까지

수평선에 빨래처럼 걸쳐 놓고는 위험을 무릅쓰고
바닥을 헤엄쳐 다니느라 숨이 잦아드는 헛바람 새는 소리
독사같이 모질고 매몰차다

내 안의 이에게 부탁하노니

배윤주

내 안에 살고 있는 이여!
숲속을 파고드는 바람에도 흔들리지 않는 바위처럼
나를 평화롭게 하라.

죽음을 잊은 듯 질주하지 않게 하고
칼날을 쥔 듯 힘주지 않게 하라.

나는 잠시 다니러 왔을 뿐
생각하며, 숨 쉬며, 걸어 다니며
모든 것을 빌려 쓰는 이 일뿐이로다.

다만,
내가 그 사실을 잊고 살 때
바람 부는 사막의 모래알처럼
나를 갈등하게 하라.

내 안에 살고 있는 이여!
붕어가 잠들지라도 눈을 뜨고 있듯이
나는 잠들지라도 나를 깨어있게 하라.

미제레레*
−루오의 판화 *'불쌍히 여기소서'에 부쳐

백우선

숲 개발과 탄소 배출로 바쁘면서

소, 돼지, 닭… 육식을 즐기면서

비닐, 플라스틱 쓰레기를 쌓으면서

기후 위기에도 지구를 가열하다가

코비드-19 만연만 모면하려 한다.

뒤로 걷기

백 현

하루치의 허기가 점점 심해지는
저녁의 숨쉬기는 가파르다

너는 친절하게 오늘의 사건들을 말해준다
나는 식탁에 떨어진 물에 깊이가 있다는 듯 물속을 들여다본다
뉴스 해설처럼 자명한 말들
네 얼굴이 비친다

팩트는 팩트일 뿐
영혼은 보이지 않는다
너는 설명문에 단순의 결정으로 엉긴 소금을 뿌리고
여전히 그 맛은 무미하다

너의 말로부터 한 걸음씩 뒤로 걸어간다
오늘에 가 닿으려는 내 몸부림은 뒤로 향한다

모래밭을 걸어 사막에 가 닿는다
대륙을 건너 피 흘리는 싸움의 시원을 찾는다
기원전의 시간을 불러와 오늘의 구차한 바닥을 닦는다

모든 길을 다 걷고 모든 길을 다 잃어
불 켜진 네 창문을 올려다 본다
멀리 떠 있는 사이는 때로 저렇게 정겹기도 하다

갇힌 자유
―종이 관棺

서경온

새벽의 먹먹한 어둠을 뚫고
직사각 박스에 담긴
꽃들이 당도했다

넘치는 주검을 어쩌지 못해
종이관으로 장례식을 치른다는
먼 나라 소식도 함께

허리께쯤 금빛 철끈에 묶여
눈 감은 얼굴 마주 댄 채로
다소곳이 누워있는
흰 튤립 열두 송이

이제 투명한 물에 발목 담그면
유예된 목숨의 뜻 알아차리고
꽃잎 시들어 떨어질 때까지
한동안 향기 그윽할 것이다

꽃띠를 두른 종이관 장례식에서
되려 가뿐하게 육신을 벗고
훨훨 날아가는 영혼이듯이.

우리들의 샹그릴라 307

설태수

서너살 아이한테 노래와 율동으로
영어 알파벳을 가르치는 엄마, 아이도
즐겁게 따라한다. 노래와 춤을 앞세우면
영락없이 먹혀들게 되어있지.
뱃속에서 듣던 엄마 심장고동 소리가
노래의 바탕, 엄마 걸음걸이에서는
율동이 체득되지 않을 수 없겠지.
암벽도 빛과 어둠의 율에 젖어있으니.
언제든 노래를 받들고 있는 침묵이
숱한 고비고비에 부딪칠 때마다 깨지고
박살나고 하여, 노래와 춤의 바탕인 줄은
차마 짐작인들 갈 수 있으랴.
리듬 없인 한 발자국도 움직일 수 없음을
알아채긴 쉽지 않았겠지. 어쩌겠나, 술이 그래도
그 가락 아슴히 떠올리게 할 수 있으려니.
노을 지는 주막을 아니 들 수가.
눈길 흔들어 놓을 한 잔 술 아니 할 수가.

커피는 너무 쓰고 마카롱은 너무 달다

손현숙

비음 섞인 목소리로 너는 나에게
불쌍하다고 말한다 안전선을 무시한
선전포고다 얌전하게 가위로 오려서 버린
우정이다 다정하게 명치를 쪼아대는
새의 부리다 단도로 직입 하는 명랑한
일갈이다 벼랑에서 등 떠다미는
손가락이다 차라리 쌍욕을 얻어먹고 싶은
열망이다 꺾이면서 또 꺾이는
무릎이다 주먹 쥐고 빠져나가야 하는
젖 먹던 힘이다 멈추지 않는 치욕의
수전증이다 칼을 물고 뛰어내리는
자진이다 일보 삼배로도 닿을 수 없는
불상佛像이다 나를 곱게 들어서 부숴버리는,
세상에서 내가 아는 최고의 욕이다

표류도

송소영

정처 없이 떠돌던 섬 하나
내게로 와서 모래톱이 되었다

하루 종일
파도가 몰려왔다 몰려가며
더욱 더 단단해지곤 하는데
단단한 모래땅 밑으로
가끔씩 지열이 끓는 줄도 모르고
신선놀음에 도끼자루 썩듯 숨구멍조차 막혀갔다
드디어 멱차오른 마그마는
의식도 못한 채 분출되어 한순간에
모래톱을 뻥 뚫어버렸다

다시 표류하는 섬 하나
내 가슴에 가시처럼 걸렸다

꽃무늬 옷을 샀다

신달자

옷 한 벌 샀다
내 사랑이 식어 가므로…
아침에 접시를 깨트렸을 때
내 두 손이 떨리고 있음을 알았다
어두운 예감의 파도가 이미 내 뼈를 적셔
마음이 축축했으므로
꽃무늬 옷 한 벌을 사 버렸다
돈을 지불하고 돌아 서는 순간
옷이 아니라 약을 사야한다고 후회했다
부질없는 소비를 자책하며
잰 걸음으로 집에 돌아와
거실 구석에 학대하듯 집어 던지는
옷 한 벌의 몰골
종이 가방에 삐죽 나와 웃고 있는 꽃무늬 몇 개
억지로 웃으려는 내 사랑 닮았다
저 옷이 나를 잠재울 수 있을까

떨리는 손을 잡아 줄 수 있을까
나 아직 덜 살았다
나 한참 헛살았다
옷 한 벌로 텅 빈 이 들판을 덮을 수 있다고 믿는
이런 세상에 옷 한 벌로
가차없이 내려 가는 영하의 온도를
한 눈금이라도 올릴 수 있다고 믿는…

꿈의 버튼

신명옥

그림자 없는 숲을 지나 소리 없는 폭포 옆에 뾰족한 지붕이 보였어
  무심코 버튼을 눌렀지
  문을 여는 남자는 낯이 익지만 이름이 생각나지 않았어

  [무엇을 찾고 있나요?] 그가 나의 눈을 보며 물었어
  ―과거와 미래가 보이는 수정 렌즈
  ―공간과 시간을 뛰어넘는 붉은 망토
  ―죽은 자를 깨우는 크리스탈 종
  ―영원한 생명을 유지하는 파란 알약
  ―허공에 언어로 다리 놓는 법 적힌 책

  [여기는 당신의 城!] [당신이 원하는 것들이 다 있지요]
  ―나는 이곳에서 무소불위의 존재
  ―나는 이곳에서 영원불멸의 존재

그러나 눈을 뜨는 순간 안개처럼 흩어지지
세상에 없는 것들이 그리워지면, 나는 어느새 꿈의
버튼을 더듬고 있지

이별 연습

신미균

나의 겉은
책을 읽고 있다

나의 겉은
인사를 한다

나의 겉은
걷고 있다

나의 겉은
창밖을 보고 있다

나의 겉은
자고 있다

나의 겉은

꽃을 들고 있다

나의 겉은
말을 하고 있다

나의 겉은
먹고 있다

나의 겉은
웃고 있다

민달팽이 두 마리

신병은

겨울 베란다의 철쭉 작은 화분 아래
민달팽이 두 마리 부둥켜안고 있다
전생에 무슨 연이 있어
한겨울에도 젖은 맨몸일까를 생각하다
혼자서는 힘든 겨울나기를
둘이서 함께 하고 있는 것 같아
부둥켜안고 긴 외로움을 나누는 것 같아
젖어도 따뜻한 것 같아
벗어도 부끄럽지 않을 것 같아
당당하게 함께 서로를 덮어 주는 것 같아
집도 절도 없이 하늘의 뜻을 기다리는 것 같아
공손한 민달팽이 두 마리
유목의 유산을 가리개로 삼았다
봄을 기다리는 나도,
느슨한 속력의 봄꽃이 되어
긴 겨울 끝자락에 펼쳐진 초원을 달려간다
나도 처음부터 유목민이었다

심우도

신원철

비가 내리면 더욱 포근한 산자락
가까이 훌쩍 다가와 너울너울 품을 여는데
담장 아래 돌절구 속에서 피어오르는 수련

푸른 기가 쏟아지는 거기서
다른 것 접고
밤새워 고스톱을 쳐보라
부처의 말씀은 그림 속에 있으니
인생길의 어디쯤에서
고나
스톱을 불러야 할지

자비심이 포근히 내려앉은 계룡산 절집 근처에서

눈알이 뻑뻑해지고 무릎과 골반이 시큰거리고
그저 드러눕고 싶어질 때쯤

아침이 붐한 창가에 등을 기대면
깨닫게 되리
생의 진미는 길을 놓아버리는 순간에 있음을

가을 강

심종록

낮술에 취한 가을 강

과부가 된 마야부인의
풀려나가는 옷고름 같은 가을 강

나는 그만 자루 빠진 도끼를 구하는 심정으로 속살을 탐하려다가 발부리를 채여 팍 꼬꾸라져서는 희열인지 오열인지 꾸역꾸역 토해냈던 것인데

본 척도 않고
윤슬 반짝이며 흘러가는 가을 강

강력하고 요망스러운
소문 사이로
갈잎의 노래

장미에 앉은 나비

엄재국

붉은 호수에 책 한 권 빠뜨렸다

나는 저 책을 집어 들 수 없어
느리게 몸 벙그는 호수의 물결이 꼭 꿈속 같아

누가 내 꿈속에 책 한 권 넣어 준 것 같아

잠이 피워 올린 꽃, 그 꿈결에 날아든
나비를 가만히 펼치려 들면
바람도 없는데 나풀나풀 책장은 혼자서 읽혀진다

단 한 번의 꿈으로

날개 가득 출렁대는 수심을 밤새워 읽고
수 백 년이 흐른 아침
홀로 눈 비비면 장님이 된다 해도

호수 깊은 곳에 앉아 있는 꽃의 내용을 덮을 수 없어

어느 못된 꿈속을 다녀왔는지
펼치던 파문을 느리게 접고 있는

누가 저 책을 다시 읽을 것인가

먼지 펄펄 날리는 겉장을 나는
침 발라 넘길 수 없어

파우치를 이해하다

오덕순

 상자 위에 작은 주머니가 놓여 있어요 모서리는 닳아 실밥이 터졌어요 그 물건 속에 무슨 내용을 담을 수 있을까요 칸막이에 걸린 사물의 생각을 지워버려요

 서랍 속의 손은 꽃들의 희망사항을 받아 적을 수 없어요
 우리는 한 번도 본 적 없는 얼굴의 잔영이 아닐까요

 목젖 뒤로 넘어간 까만 꽃씨, 혹시나, 싹을 틔울 수 있을까, 혼자 중얼거릴 뿐,
 엄지와 검지는 웃자란 나뭇가지를 자르고 있어요, 존재하는 것을 놔 두세요

 부유하는 미세먼지의 몽환은 검정빛의 환유?
 거리에서 누군가 블랙 아웃! 피켓을 흔든다?

흐린 날이면 마스크를 쓴 공기주머니 속의 우리는, 양미간을 찡그리며 먹구름을 피해 달아난다

거울 앞에서 화장을 지우는 한 여자의 뒷모습을 비추어본다 낮달의 등을 반사하는 한 줄기 빛이 창문을 건너간다

예측불허 미래엔, 나무들의 꿈이 꽃길을 따라 두 발을 들어 올리지 못하고,

서랍 속 상자 위에 누워, 몽환의 우물에 빠져버렸어요 환상의 동아줄로 끌어올릴 수 없나요?

결별

오세영

눈보라 찬데,
살얼음에 맨 손 아리는데
그는 어디로 갔을까.
오른쪽,
숲으로 난 길을 걸어서 갔을까.
왼 쪽, 들로 난 길로 달려갔을까.
운동화, 구둣발, 털 장화……
눈밭 어지러이 찍힌 갈림길의 그
발자국 발자국들.
찬 바람 사정없이 몰아치는데
호호 언 손을 입김으로 불며 그는
휘적휘적 홀로 갔을까.
다른 이의 포켓에 손목을 집어넣은 채
다정히
체온을 나누며 걷고 있을까.
꽁꽁 얼어붙은 눈길에

처연히

밟히고 있다.

3부

아침 인사

오탁번

거울을 보며
아침 인사를 한다

−할아버지!
 안녕?

족보가 뒤죽박죽
개쌍놈 집안

시인의 모자 3

오현정

당신을 기다린 '사평역에서' 곽재구를 만나오 만나고 헤어지는 생의 가교에서 강은교의 '우리가 물이 되어' 만나면 정호승의 '별들은 따뜻하다'고 위무하며 남은 한 쪽을 넘기고 있소 캉골 모자 삐딱 쓴 저 남자는 이제 그만 집에 가서 왕비마마를 찜 쪄 먹나 볶아먹나 더 싸돌다 후궁들을 지져먹나 무쳐먹나 궁리중인 것 같소 천하의 바람도 갈바람 불면 한 풀 꺾어져 잔잔해 진다는데 당신의 욕심과 나의 우매한 심보는 정음正音 속에서 지금 흔들리고 있소 혼자 멋쩍게 섰다 잠들 때는 고이 벗어야 하는 이승의 모자, 쓰고 가지도 않을 모자 대신 나의 뼈에 스밀 어진 딱 한 마디가 절절 하오 '대설주의보'가 내릴 것만 같아 최승호를 덮고 기형도의 '빈집'에서 '삽'을 꺼내니 정진규가 살아오고 있소 대설도 지나 밤이 가장 긴 날 주저앉은 각이 나를 호명 하오

햇살 아래 드는 고요

우정연

사하촌寺下村에 방 한 칸 마련하였다

뒤로 대숲이 허리를 새우등처럼
굽히고 산 앞에 누워있다
새로운 우주를 탐사하듯
신비하고 처음 겪는 일이다

텃자리가 서너 달 몸살을 앓고
몇 날, 허리가 끊어질 것처럼
아리더니 비가 온다

대숲에서 내리는 바람이 방의
허리며 가슴에 흐르는 눈물을 닦아준다
파헤쳐진 산과 방이 화합하는 동안
통증이 올 것이다

토굴 한 칸 마련하는 일은
산허리에 가부좌를 트는 일이다
겨울 햇살 아래 선정에 들어
고요 속에 머무는 일이다

이마 기도

유안진

남도의 소녀들은
동백꽃이 필무렵에 초경初經을 맞았단다
이 말을 듣고부터는
바닥에 이마를 내려놓고 기도祈禱한다
오묘奧妙 자체이신 창조주 하느님께.

가을 이야기

유현숙

　머리에 꽃핀을 꽂은 아이가 경의선숲길공원에서 놀고 있다
　작은 운동화를 신은 키 작은 아이가, 예쁜 아이가⋯
　바람 맑은 한낮이다
　여름새도 겨울새도 제자리를 찾아간다는 한로를 며칠 앞두고
　까맣게 꽃씨 영근 해바라기꽃대 아래서
　당신은 백년을 더 살자했다
　영원한 아버지 아브라함은 기원전의 도시 하란에서 175세를 살았다한다
　구약에 나오는 말씀이다
　남은 백 년을 한처음도 아닌 이 유목의 땅에서
　나는 무병 들어
　내 안으로 들이칠 모진 풍설을 어찌 감당할지 모르겠다
　한 생애가 피지도 않고 모가지를 뗄 군 모란꽃숭어리처럼 슬퍼

내가 짓고 내가 걸어들어 갈 수 없는 금단의 지대가 슬퍼
겹겹 모란꽃잎으로 뜯기고 흩어지며
그 말이 바닥에 떨어져 굴러가는 백년을 지켜보느라
애가 다 마르리, 나는 애가 말라
비 오는 동쪽 파도소리에 나를 열고 애끓는 죄만 짓다가
수수 열 번의 한로가 다 지나서야 당신 앞에 서면
그때는
모로 누운 내 몸이 먼지 한 줌으로 풀썩 주저앉을지도 모를 일
정말 그럴지도 모를 일

그녀의 주말

尹錫山

1
그녀는 주말마다 마권을 팔았다.
히이힝! 마음껏 초원 위를 달리고픈 사람들에게
그리하여 일확천금을 꿈꾸는 사람들에게
그녀는 희망을 팔았다.

그녀의 주말은 늘 천국행 티켓을 거머쥐고 싶은 사람들로 복대겼다.

2
꿈과 희망, 세상의 모두에게 나누어주고
돌아가는 저녁.
그녀의 머리 위
황금빛 은행잎 한 장 떨어지고 있었다.

아득히 머나먼 천공으로부터

느릿느릿

아주 느릿느릿

아직 팔리지 않은 희망 한 장, 서서히 내려오고 있었다.

Y의 날

윤의섭

그날 아침 Y는 결국 신이 떠나버렸다는 것을 알았다

그게 아무렇지도 않은 거리와 은행나무는 그러나 이유도 모른 채 노랗게 전율하고 있었다

그날 아침 Y는 속이 비어있는 빵을 먹다 문득 슬픔 없는 눈물을 흘렸고

무겁게 가라앉은 구름은 이제 영원히 걷히지 않으리라

버스는 노선을 잃지 않았고 뉴스는 여전히 쏟아졌지만

시작과 끝이 없는 이야기처럼 살아야 허구인 줄 모르는 것이므로

그날 아침 Y는 자기도 모르게 스스로 버려졌다는 사실을 알았다

바란 적 없으나 Y에겐 단 한 조각 꿈의 기록조차 남아 있지 않았다

Y는 의아한 아침을 본다

그날 원년이었다

그날 모두 쏟아져 내렸다

그것은 낙엽이 아니라 착륙하는 무덤이었다
Y가 보기에 심히 미치더라
그날 아침 Y는 살아남았다는 충격에 휩싸였다
그러한 죽음의 형식 잘못 배달된 택배의 기분 나이 먹어 버려진 인형의 피터팬 증후군
Y는 그날에 갇히고
Y는 매일 신이 떠나버렸다는 것을 알아채고
그날 아침은 아무도 생각해내지 못하는 어느 날이고

천마산 만세

윤정구

뱁새는 뱁새대로
촉새는 촉새대로
황새는 황새대로

들풀 사이에서
관목 숲에서
소나무 우듬지 하늘채에서

둥지 짓고
노래하고
알 품어 새끼 까고

천마산 자락
오두막집에서
아침마다 짹째거리던
산새들이

하늘길이 눈에 익을 만하자
제금난다고
서둘러 짐을 꾸린다

북어

윤홍조

 그래 가장 손쉬운 방법은 때리는 거야 답답한 몸과 마음을 확, 너로 푸는 거야 애끓는 수심 불붙는 속심 어쩌지 못할 때 단번에 탁, 내려칠 수 있는 건 너 뿐이야 탕탕! 질긴 등살에 힘을 가하며 앙다문 이빨 난도질하며 내비칠 수 없는 심연 네가 대신 울어주는 거야 밤새 끓인 애간장 말 못할 속사정 사정없이 후려치는 거야 막무가내 두들겨도 마음의 죄책 없는 너는 메마른 세상에 보내줬어, 네 몸은 이미 저 북양의 황태로 굳어 삶을 노랗게 길들여왔어

 삼켜도 삼켜지지 않고 뱉어도 뱉어지지 않는 이 약육강식의 세상에 너는 만만한 해결사로 보내졌어 패대기쳐 때려도 질경질경 짓씹어도 네 본분은 오직 부드러운 솜털같이 놓여나는 거야 질기고 질긴 속살 앙다물고 살아온 불통의 삶 벗어날 수 없을 때 내가 할 수 있는 일이라곤 오직 너를 내 몸이듯 두들기는 거야 간

밤의 숙취 쓰린 속을 부엌이 떠나가라 탕탕! 내려치는 거야, 아침이 둥긋이 밝은 미소로 마중할 때까지 네가 나를 어르고 달래어 시린 속 시원한 물줄기 뜨끈, 해갈할 때까지 탕탕! 두들기고 두들기는 거야

먼 집

이건청

굴피집에 가고 싶네.
굴피 껍질 덮고
낮은 집에 살고 싶네.

저녁 굴뚝 되고 싶네
저문 연기 되어 퍼지고 싶네

허릴 굽혀 방문 열고
담벼락 한켠
아주까리 등잔불 가물거리는
아랫목에 눕고 싶네
뒷산 두견이
삼경을 흠씬 적시다 가고 난 후
문풍지 혼자 우는
굴피집에 눕고 싶네
나 굴피집에 가고 싶네

그림 속 그림자 읽기
−파주에서

이 경

구름이 아니라 돌이 날아다니는 하늘이라니
셀룰로이드처럼 구겨져 발광發光하는 돌
땅을 가리는 돌의 그림자

나무에게 누가 돌을 먹였다는 말이다 나무의 입에
재갈을 물렸다는 말이다 가지가 찢어지도록 무겁게

돌을 먹은 나무들이 너무 많이 돌을 삼켜
자궁 속에 돌이 자라게 된 나무들이
열매가 아니라 돌이 주렁주렁 열려 있는 나무들이
하늘을 향해 쏘아 올리기 시작했다는 말이다

산도에 장전한 돌을 토해내기 위해
방아쇠를 당기고 있다는 말이다 탕! 탕! 탕! 탕! 탕!
공중에서 돌은 커지고 부풀어 올라

둥둥 떠다니면서 소문의 핵폭탄이 되어 저 돌이
누구 머리에 떨어질지 모른다는 말이다

성벽 산책

이경철

  옛 성벽 며칠째 비 맞고 있다 오랑캐 말발굽소리 같은 장대비 화살 튕겨내고 있다 선녀와 나무꾼 전설로 흐르는 천변 짓밟히고 쓸려간다 한 시대 목숨 건 성벽 역사, 신화와 전설 표지석 되어 무겁게 짓누르는데…… 장마 틈틈이 열리는 허공 가득 고추잠자리 난다 가볍고 허무한 것들 삼베처럼 성근 잠자리 날개 틈새가 낳는 허공 또 허공 속 자유로운 시그널들 어지러이 날며 여는 우주의 잠깐, 이른 가을 꽃 핀다.

정말 부드럽다는 건

이규리

토마토를 구워보면
구울수록 더 부드러워져서는
눈물이 많아져요

구운 토마토를 당신에게 주고 싶어요

이후의 모습들은 저렇게 무른 모습이 좋겠어요

생각들이 뜨거워지고
제 소리를 제가 알지 못하고
당신은 가방을 메고 종일 먼 곳을 헤매니

구운 토마토를 먹으면
눈가가 붉어져서는
문득 오래 전 잊고 있던 내용을
돌아다 볼 듯해요

제 안의 독소를 빼내 주시니

우리, 단단함에 대해 적을 것이 아니라
하염없이 무너지도록

힘 쓸 일이 없도록

아침엔 토마토를 구워요

당신을 당신 바깥으로 놓아보아요

달 없는 밤

이나명

아파트 샛길로 걸어갑니다

어두운 공터에서 개망초 꽃무리들이 흰빛을 띄웁니다

가만 가만 개망초 꽃대들 사이에서 무언가 움찔거립니다

희미하게 움직이고 있는 한 뭉치 회갈색 털이 보입니다

긴 두 귀가 보입니다 한 귀는 쭈뼛 서고 한 귀는 기울었고

아니 저것은 토끼잖아! 혼자서 개망초 꽃대를 흔들고 있습니다

자세히 보니 토끼 앞에서 개망초 꽃대가 온순하게 허리를 꺾고

있습니다 아무런 소리도 내지않고 토끼가 흰빛을 잘라먹고 있습니다

먹는데 집중하느라 아직 나를 못 본 듯 합니다 어디서 왔을까

하필이면 이 아파트촌에 나는 먼저 아는 척을 해야 하나 생각 해

봅니다 아니 그냥 서서 지켜보기로 합니다

내 속에서 퉁퉁퉁 뛰는 소리가 들립니다 평소에는 들리지도 않던

소리입니다 나는 숨 죽이고 상대편을 바라봅니다

토끼가 나를 알아볼 때까지 기다리기로 합니다 이 기다림이

어쩌면 오늘 밤 이상하고 신비한 어떤 나라로? 모르겠습니다

모르겠습니다 지금 여기가 내 세상인지 아니면 토끼 세상인지

어느 세상이든 내가 있고 토끼가 있는 세상입니다

달은 어디로 갔는지 보이지 않고 흰빛만 조금조금 깔려있는

어두운 공터입니다

신도시와 혁신도시

이만주

성냥갑들이 빼곡히 서 있다
아니, 하모니카들이 겹쳐 서 있다
하지만 진동판이 없어 울리지 않는다

콘크리트로 이루어진 괴물들
핏줄 대신 철근으로 얽힌 괴물들

여기저기 새로 연 음식점 창에 써 있는 메뉴들
브런치, 수제버거, 치즈스틱, 피자만두

이곳저곳 개척교회 벽에 써 있는 문구들
"회개하라, 천국이 가까이 왔느니라"
"하나님은 당신을 사랑하십니다"

눈 온 밤
영혼 없는 눈만을 가진 괴물들이

인적 없는 괴괴한 거리를
내려다본다

빨랫비누가 닳아지듯이

이미산

오래 끌고 온 얼굴 하나가 봄 햇살에 스르르
지워지듯이

어느 결혼식에서 듣는 주례사
사랑은 닳아지듯이
빨랫비누가 닳아지듯이

빨래를 비빌 때
태어나는 거품과 사라지는 거품과 구멍 숭숭한 어깨와
희미해지는 미소

평생 비벼낸 거품들 꽃비로 돌아오는 봄날
이마가 반짝반짝 눈동자 그렁그렁
춤추며 재회하는 동그라미들

한 번 더 사랑하려는
당신 또 당신들

현기증

이순현

지구는 곪아버린 달걀처럼
소독제 냄새가 난다

내가 발을 내딛는 자리마다
어둠이 먼저 와 있다

매일 조금씩 걸어가는 쪽은
신이 조금씩 희박해진다

병원 의자에 앉아 있는 아이들은
등이 휘도록 커다란 날개를 숨기고 있다
핏빛 하늘을 지나온 날개들도
글리벡을 기다리고 있는 걸까

피리 소리를 따라 쥐들이 빠져나가듯
빨강이 몰려나가나 보다

숨쉬기 어려운 시간에
간신히 도달한 이곳
뒤뚱거리는 질병을 인질로 붙잡는다

강력해진 소독제 냄새를 피해
날개 있는 것들은 무한탈출을 하고

의심이 많은 죽음은 제 발로 오지 않는다
나는 일 초도 빠짐없이 존재해왔지만
점액질 속에 무기력하게 싸여 있다

내 입술이 바다 색깔로 뒤집힌다
공기는 질병을 부채로 짊어진 채
어긋나는 퍼즐을 맞추고 있다

음악 소리는 들리지 않고
경비원 몰래 꺾은 꽃이 등 뒤에서 시든다

오늘의 두부

이영식

짐작하겠지만 취하고 나면 먹어치우는 게 상책이다

왁자한 시장 좌판에 발가벗고 나앉은 아라한, 제 몸 갈라 먹을 중생 앞에서도 몸가짐 초연하시다

떼구름처럼 엉겼던 잡념일랑 모판에 눌러 짜서 삼베 천으로 걸러냈다

좌우, 어느 쪽 색깔이나 사상에 기울어지지 않는 맛으로 무엇을 도모하지도 않는다

두부의 '부腐'는 썩었다는 뜻이 아니고 뇌수腦髓처럼 연하고 물렁물렁하다는 전갈이니

보시라! 네모반듯하게 각이 졌지만 하얗고 순한 생각만 한다

제가 건너온 불보다 뜨겁게 칼 디밀고 들어올 절단의 시간을 기다리고 있는 오늘의 두부,

 어제의 뼈저린 후회나 내일의 걱정으로 콩새만한 생각에 갇힌 당신께 기원전부터 전해오는 진국의 경전 한 권 올려드립니다

 시원하게 끓여 드시고 시냇가 징검돌인 듯 오늘을 건너세요

포테이토칩을 한입보다 크게 만드는 이유

이인원

엄마를 보면 아이들은 더 크게 운다

입보다 큰 눈물 자국으로 저를 속이고 달래 가며

빵빵하게 충전된 질소가 곧 터질 듯 울어 댄다

엄마는 언제 오나

과자 봉지로 속일 수밖에 없던 엄마는 영영 못 오거나 안 올 수도 있는데

틀어막을 수 없는 귀만 세상 제일 큰 공명통이 되어 간다

달려올 수 없는 마음 끓는 기름에 덴 것처럼 부풀어 오른다

좌불안석의 끝을 잡아챈 붉은 목젖으로

제 귀까지 바싹바싹 먹어 치운

아이는 언제 그치나

한입 거리가 되고만 아이는 영영 못 울거나 안 울 수도 있는데

눈물샘은 없고 눈만 커다란 봉지 하나

목쉰 아이를 삼켜 버린다

텅 빈 영악함이 꽉 찬 영악함을 이겼다

텅 빈 입이 꽉 찬 귀에게 졌다

여우를 위로함

이인주

 여우가 죽었다 500년 동안 키워온 황금빛 털을 자랑하던 여우가 죽었다 여우가 죽은 다음날 아침 나는 덤덤히 밥을 먹으며 이제, 어떻게 하지? 그렇게도 윤기 넘치던 털을 만질 수 없게 되었는데, 아홉 개 달린 꼬리가 없어졌는데 울음이 나오지 않았다 정신없는 여자가 정신을 차리겠다고 생각한 것처럼 황막함이 밀물처럼 밀려왔다 목숨 건 것도 아니었는데 모든 여우들이 시들해졌다 빛을 잃은 여삼추라니 황금빛 털을 세울 수 없으니, 돌아갈 길을 잃어버린 탕아처럼 나는 더듬거렸다 문장이 맞지 않는 주문을 환상통처럼 앓고 있었다 여우가 죽지 않은 것처럼 행동할까 여우를 빼고는 대화가 안 되는 밀실에서 속내가 들키면 어떡하지? 그러면 그때 더욱 능수능란한 여우를, 한층 우아해진 여우를 불러낼까 그렇게 생각해도 밥맛이 없었다 밤새 묘혈을 파는 귀신처럼 이름쯤은 없어도 좋은 존재였다 기실 여우를 키운 건 나였지만 묘기를 하나도 부릴 수 없는 족쇄에 대해 생각해 보았다 여우가 죽었다니 너무하지 아니한가 산 주인인가 죽은 꼬리인가 사라진 여우를 붙들고 나는 여우가 되고 싶어 꺼억꺼억 울었다 다시는 볼 수 없는 여우를 위해 이불도 밀쳐내고 얼음이 된 추억을 칼같이 갈았다 낯선 공기가 비릿하였다 내가 건너야 할 다리 앞에서 진실로 무구한 아이가 되어 이렇게 물어 보았다 여우야 여우야 살았니? 죽었니?

이팝꽃

이채민

꽃이었다가
밥이었다가
李씨 임금이 명하여 밥이 된 꽃
그 이씨 姓을 내려 받은 난
꽃도 아니고
밥도 안 되는
잎으로 산다

고요가 힘들어 흔들리는 잎
점 하나에 격렬하게 비어가는 잎

흰 꽃이 와르르 피어나고 무너지는
한 굽이의 생에 기대어
날마다 새로 태어 난 척
죽어라 팔랑대는
아슬한 목숨의 잎

둥글어지기까지

이학성

지구가 둥글다고 말하려면 목숨을 걸어야 했던 시기,
다들 소중하게 간수했기에 나서길 꺼렸으나
목숨을 내던지며 그는 지구가 둥글다고 말했다.
광장이 들끓었다.
성난 군중이 그를 목 졸라 높다란 종루에 매달았다.
비참한 최후는 아주 멀리서도 목격되었다.
소문은 말보다도 더 빠르게 달렸다.
고독하게 빈 서재를 지킨
모래시계가 연신 모래알을 토하고 있었다.
왜 그는 목숨이 아깝지 않았을까.
한 번 더 결단을 미루려고 하지 않았을까.
과연 순리를 알긴 알았을까.
종교가 과학과 문명을 시종처럼 부리며
짓궂게 구박하고 간섭하던 시기,
그때부터 지구는 비로소 올바르고 아름답게 둥글어졌다.

튤립의 언어

이화영

 빈 마당 같은 정오였다 뜨거움을 가장한 얼굴을 허공, 먼, 튤립이라 부른다 붉게 얼어 실감나지 않는 한여름에 내리는 눈, 가는 목 허공에 걸치며 사는 이유 몇 개 떠올리며 붉은

 마을회관에 간 그녀가 돌아올 시간이다 유모차를 운전하는 몸이 기우뚱 거릴 때 발은 난간 위를 걷는듯하다 그녀 입술에 숨은 말 나는 알아듣지 못하고 허공, 먼, 튤립이 먼저 마중간다

 여름해가 진다 볼 이쁜 그녀부터 주름까지 그녀를 담은 무수한 자물쇠 찰칵 찰칵 진다 그녀는 흙의 여자 차가운 것은 차가워서 뜨거운 것은 뜨거워서 죽어 나갔다

 저녁상을 물리자 그녀가 틀니를 물그릇에 담는다.

입 가리며 웃던 손이 이제 식사 중에도 틀니를 뺐다 본론보다 서론이 긴 숭늉 같은 말을 처음 듣는 말처럼 나는 응응 시늉했다

  그녀 곁에 없어도 내 몸에 장착된 그녀는 나를 발사했다 천지사방에서 날아오는 장전된 그녀 그녀에게 가는 길은 좁고 깊어서 물고기가 빠져 나가듯 부드럽게 유영을 해야 한다

  내 목에서 정수리를 단면으로 자른 물고기가 튀어 나왔다 어느 어종인지 모르겠으나 생각은 허공, 먼, 튤립으로 낭자했다

여자가 달린다 빙빙

이화은

여자가 쉐타를 푼다
남자의 뺨을 때리던 오른쪽 팔이 없어졌다
구경하던 왼쪽 팔이 없어졌다

잠시 여자가 손을 멈추고 인공 눈물을 넣는다

다시 목을 푼다 목을 꺾듯

아직도 붉은 꽃을 가슴에서 풀어낸다
꽃이 사라지자 가슴도 사라졌다

트랙을 달리는 마라톤 선수처럼
여자가 달린다 여자를 따라 빙빙 털실이 달린다

트랙을 수백 바퀴 돌아도
여자의 눈물을 훔쳐간 도둑을 잡을 수가 없다

털실 뭉치가 자꾸 커진다

쉐타를 다 풀어낸 여자가 고개를 뒤로 젖히고 다시
눈물을 넣는다
아무도 여자가 운다고 말하지 않는다

홍어

임호상

옆구리 살짝 들쳐봤을 뿐인데
확
달려든다
한 점 가득 풀리는
아버지,
참 진하게도 취하셨구나

버리고 간다

장영님

강원도 오음리 장수농장 간판을
사철탕을
삼계탕을
버리고 간다

쓰레기를
파란 우산을
담배꽁초를
솥단지를 얹었던 드럼통을
드럼통을 괴었던 벽돌을
버리고 간다

냉장고를
업소용 바구니를
의자를
새정치국민회의 마포을 지구당 위원장이 증정한

벽시계를
이곳에 머문
균열의 시간을
버리고 간다

검은 곰팡이 핀 초록 천막 위에 올라탄
담쟁이를 버리고
봄비만
데리고 간다

새우잠

장인무

엄마의 뱃속이 이러했겠지

옆으로 누워
다리는 가슴까지 접어올리고
팔은 가슴을 안아 양쪽 겨드랑이에 끼고
주먹은 있는 힘을 다해 꽉 쥐고
언제든 양수를 밀고 뛰어나갈 준비를 했던 거야,

날이 밝도록
『젊은 베르테르의 슬픔』에 빠졌다가
아주 잠깐
베개를 끌어안고 온몸에 똬리를 튼 채 잠이 들었다
이렇게 따사로운데
이렇게 평화로운데

따뜻한 우유 한 잔 마시며

밤새 꼬였던 혈관에 피를 재촉하는 아침
마당에는 햇살이 세수 중이다.

가을 속에 서서

장현두

노오란 국화 향기에 끌려
쑥부쟁이 구절초에 끌려 함께 노닐면서
옆구리 뻥뻥 뚫고 들어 오는 갈바람에 놀라면서
해 지는 줄도 모르고
은행잎 노란추억에 빠져 허우적대다가
돌아오지 않는 옛날 애인 곁으로 구름 타고 가다가
맑디맑은 샘물에 비치는 저를 보고 흠칫 놀라
뒤돌아 보니 빨간 단풍잎 하나
마지막 잎새처럼 가슴에 걸리는 데
세상은 다 그리 노랗고 빨갛고 보랏빛 또 무슨 색깔
사연 아닌 색이 없는 것이라고
그리움의 파도는 어쩔 수 없는 것이라고
떠 가는 흰구름을 손짓하며
따스한 햇살로 어깨를 녹이며
가을에는 가을 속에 서서
혼자 어디 조용한 길을 걸어 보는 것이다

나를 줍다

전순영

해 질 녘 길을 가다가 돌아보니 내가 없었다
발걸음을 멈추고 어디쯤에서 나를 흘려버렸는지
생각을 더듬어보지만 떠오르지 않는다
몇 년 전 지중해 선상에다 두고 왔을까
중국 만리장성 그 섬세한 돌담 틈에다 빠뜨렸을까
정녕 나는 없는 껍데기로 여기까지 왔구나
백년사 대웅전 처마 밑을 거닐다가 땅바닥에 떨어져
뒹굴고 있는 나를 줍는다
허리를 굽히고 줍다가
그 자리에 털썩 주저앉아 발길에 밟히고 몽그라진 나를
낱알을 줍듯이 줍는다
때가 끼고 낡아빠진 나를 물속에다 첨벙 던져놓고
문지르고 두들기고 치대며 헹구는 발자국이
뉘엿뉘엿 지는 햇살에 걸려있다
풀씨도 가을엔 제 씨를 받는데 나는 지금
어떤 씨를 받고 있는 것일까

물위에 둥둥 뜨는 껍데기는 날려 보내고
가라앉는 나를 만나기 위해 다시 몇 만리를 가야 할까

4부

테제베

정민나

 맑은 눈의 아이가 타고 있다. 저음의 아버지도 타고 있다. 동화를 읽어주는 목소리 한 칸 세상을 넓게 펼쳐 준다.

 한 장 한 장 다른 세계가 경쾌하게 넘겨진다. 하루에 한 번 운행하는 나무의 시간, 강의 시간, 눈의 시간, 신의 손가락처럼 길게

 인간의 형상이 레일을 따라 지루한 현관을 버리고 레일 위라는 자각도 버리고 다른 음성 다른 풍경을 읽고 있다

 지면에 묻어나는 겨울 하우스, 이동하는 테제베 칸 칸마다 줄기가 뻗어 나간다. 낯선 외계가 안과 밖으로 펼쳐지는

파피루스의 문자처럼 파르르 떨린다. 얇은 책장, 기차가 코너를 돌 때 쿠션이 부드러운 아빠, 여행하는 시간이 아이를 살짝 받아 안는다.

스키를 타고 내려오는 햇살은 몽블랑 언덕에서 날아온 검은 새들을 넘기고 있다. 빵이나 고기를 떼어내 조금씩 던지는

아이의 꿈속으로 눈동자가 모니터 화면처럼 열려있다. 테제베 동화는 더 먼 곳으로 레일 위를 달린다.

내일 다시 오겠습니다

정상하

오늘 왔던 길 말고 다른 길로 오겠습니다
오늘 길은 오늘 물살에 쓸려갔습니다
딴 사람으로 오겠습니다
낯설어 깜깜한 나를 더듬으며
누구세요 누구세요,
나에게 나를 물으며 오겠습니다
맨 나중 흔들리는 한 장의 나뭇잎으로
지금 내리는 비 말고 그 다음 비로
지금 부는 바람 말고 그 다음 바람으로
눈 몇 번 끔벅거리다 오겠습니다
어디서 마음 다치고
느티나무에게 버럭버럭 화를 내며 오겠습니다
죽었는지 살았는지 궁금했던 사람
이제 죽이고 오겠습니다
태어나자마자 또 태어나
옹알옹알 아장아장

들어본 적 없는 음악처럼 오겠습니다
아직 오지않은 무엇으로
계십니까, 똑똑 노크 후에 오겠습니다

제3의 슬픔

정시마

영원히 이어질 것 같은 푸른 핸드폰과 익숙한 시간 그리고 연애 그것은 소모품에 불과하다

이천십일 년 문예중앙 계간지를 지금 유월에서야 등기 포장을 뜯는다 마치 아무렇지도 않듯이 그 때의 오늘처럼

삼백육십오 초록으로 적록색으로 갈 빛으로 갈바람으로 그동안 책은 두께만큼 사유를 한 듯 포장 속에서도 빛이 바랬다

아홉 해를 보내며 책의 두께와 상관없이 폐간되었고 책속의 수많은 시인들과 소설가는 글이 늙어 주름투성이로 변해있어 시인들은 살아있거나 죽어나갔다

바람이 차가워지는 날 동쪽으로 가는 길은 더 속도

를 내고 몸은 열애를 흔들었고 구설수는 잠잠해져 입술마다 가지런해졌다

  그 사이 술을 끊은 환자와 개인적으로 커피와 담배는 내 안의 두 사람 중 한 사람만 하고 질투와 근심은 세 사람 중 한 사람의 전유물이 됐다

  이천십일 년 이후 우주에 흩어진 시간과 게으름 피운 시간에 대하여 할 일 없는 시간 혼자 남은 시간 둘이 아닌 시간 아니 어느 래퍼의 입속 속도만큼 어딘가 모르게 빠르게 지나갔다

  눈뜨는 순간 먼지 일으키는 잔디밭으로 강바람은 출발하고 객관적으로 잘 풀리는 가족사, 잘 풀리지 않는 욕망으로부터 물이끼 잔뜩 넓혀가는 수면의 바닥을 플랫폼의 속도에 맞춰 걷는다

이천십일 년 채워지지 않는 슬픔의 시간이다 냉장고 조차 잘 채워지지 않아 정서적 안정 찾지 못하고 밀수품처럼 한데 엉켜 붙어있는 손목시계들 아홉 번의 지나간 시간이라 풀 수 없다

갑자기 소나기는 빗발쳐 들을 수 없고 한낱 소모품 불과한 이 육체, 순수한 시간과 마주한 굵은 두 빗줄기 사이로 눈물 나도록 키스 해 본적 언제였던가, 아 혼자이다 혼자 있고 싶다 다시 이천삼십 년을 위해 더 버려지고 소모되어 가장 계절다운 계절 속 한권의 책으로 죽어있겠다

백일을 건너는 건 너만이 아니다

정영선

 병산서원 쪽문은 나무는 숨기고 목백일홍 꽃가지 하나를 내보인다
 꽃의 비밀, 한 꽃이 백일을 건너는 건 아니란다

꽃 군단들, 내가 지면 네가 피고 그가 지면 그녀가 피고
한 나무에서 얼굴들이 스치다 가고 간다는 꽃
붉은 빛은 아름다움의 정점
슬픔을 배면에 깔아놓았다

 학림을 오르는 계단은 조용했다
 대학로 플라타너스 큰 키들은 도열해 있었다
 그때 망토를 걸치고 걷는 네 뒷모습을 보았다
 네 뒤를 천천히 걸었다 돌아보지 않았음에도
 네 전부를 받은 것 같은 느낌
 그 후 너는 사계절 내내
 내 안에서 피고 지고 피고 지고 피고 했다

새재를 비우고 노출된 평야에서 적을 맞은
장수의 뒤늦은 절망을 듣는다
그때 나는 복병이었을까
들키고 싶은 마음이 없는 건 아니었지만
거리 속에 나를 두었던 게 기억에 꽃을 심은 거 같다면

서울 들어오니
빗속, 자동차의 불빛 꽃잎들이 아스팔트에 만발해있다

승자였고 패자였고, 웃었고 울었던
백일 가는 꽃들은 빗속에서도, 내 안에서도 찬연하다

로얄 플러쉬
—검을 玄

정영숙

새 입 같은 아카시아 잎새로 운을 짚으며
파란 새를 날리던 날이 언제였던가요?

몸이 없는 영혼처럼, 형체 없는 공기처럼
허공을 떠돌아다니던 당신, 보이지 않아
손끝이 타들어가도록 돌리던 카드 패
로얄 플러쉬가 손가락 사이에 잡히는 순간
청록빛 지중해를 건너오는 당신의 리라 소리
얇은 풋잠 속에서 들었지요

당신은 전생에 하데스로 나를 찾아온 오르페우스였던가요?

수억 년 만에 다시 만난 당신
그때의 가지런하던 아카시아 잎새처럼 내 곁에 나란히 누워요
먼지 묻은 깃털을 접고 회색빛 눈꺼풀도 어둠 속에

묻어요

    모든 색을 다 머금은 여기는
    우리의 마지막 안식처
    하데스가 당신 편에 서서 당신을 거든다 해도
    당신은 동굴 밖을 걸어나갈 수 없을 거여요

    이곳은 0.000154%의 행운을 거머쥔 샴발라니까요

신두리 사구

정재분

바다가 쓴 편지
동냥젖 먹고 자란 아이
퇴화된 꼬리뼈
젖비린내 한 들숨 축이지 못하는
남자의 빈 젖꼭지
해당화 줄기에 돋은 가시
솔장다리 갯쑥부쟁이 통보리사초
부유하며 늑골로 들이치는 파도
다가왔다 멀어져가는 바다의
율동에 낮은음자리로 기어가는
분홍나팔꽃 물 나간 갯벌의
흔들의자에 앉은 달의 얼굴
모국어가 다른 두 사람이
부르는 같은 노래

아메리카에서도 토마토가 잘 자라나요

정하선

전할 말이 있어요
당신 생각으로 토마토는
해질녘 구름처럼 붉어지고 있어요
거기의 표정도 쓸쓸할까요
아니면 토마토 과즙처럼 넘쳐 나오나요
나의 그리움은 도망칠 수가 없어서
붉은 토마토처럼 완숙되어가요
토마토가 익으면 의사가 필요 없다는 말
모두 거짓말이에요, 나는 아파요
토마토가 붉어지기 전 돌아온다 했던
그는 오지 않았어요
앉아서 뒤틀린 얼굴을 심어요
배배꼬인 마음으로 토마토를 심었어요
미국에서는 더 많은 비타민이 필요할 거예요
세계에서 가장 위험한 나라 아메리카는
코로나19로 20만 명 넘게 죽었으니까요

아마, 지금도 죽어 가고 있을 걸요
퍼스트 아메리카잖아요
모르는 사람들이
"헬로" 하면서 어깨를 두드려요
묻고 싶은 말이 있어요
당신도 그리움이 코로나처럼 전염되나요
아파서, 링거주사 맞을 만큼
당신도 나처럼 아파했으면 좋겠어요
아메리카에서도 토마토가 잘 자라나요

고고학적 상상력

조승래

한 자 크기의 꿀샘을 가진 꽃을 발견한 고대 생물학자는 입 길이가 한 자 되는 또 다른 생명도 존재할 거라는 확신을 굽히지 않았다. 이러한 주장은 그가 죽고 나서 다음 탐험가에 의해 사실로 확인되었다. 영국 장미 데이비드 오스틴을 보면 뒤끝이 향기로운 자메이카 커피 냄새와 앵무새를 사랑한 죽은 여인의 흑백사진과 읽다 접어둔 제임스 조이스의 소설과 인도 가정부 방에서 방금 태어난 신생아 울음소리가 들리곤 했다.

슬픔이라는 완장

조연향

조금 흘러내린 완장 앞에서, 고개를 숙인다

"당신의 슬픔을 애도합니다"

죽음의 형식마저 지겨워 이미 영혼은 초승달 하늘로 떠 올랐을지도 몰라,

검은 팔뚝에 매달려 밤 늦도록 흰 얼굴빛으로 애도를 받네

세상이 끝날 때까지 슬픔의 질서를 지키는 완장

하늘 한 귀퉁이 흘러내린 것처럼

핀에 꽂혀 비뚤하게 흘러내린 초승달처럼

곱구나

조창환

볕 좋은 날, 길일吉日을 택해

까치살모사 허물 벗어 놓고 다른 세상 구경 갔구나

허물 벗은 자리에 민들레 곱구나

밭고랑에 던져 둔 호미 날 같은 낮달 곱구나

송아지 핥아주는 어미 소 같은 아지랑이 곱구나

곱구나, 까치살모사 가묘假墓 곁에

그늘 곱구나, 봄날 곱구나

시월을 사랑한 건 오래전 일이에요

진 란

칠흑 같은 오밤중이었어요
창밖에 바람이 바람을 몰고
지금은 깨어있으라고 창을 두들겼지요
레떼로 가려고 암팡지게 걸어왔는데
유리창에 시월이라고 쓰고 나면
메마른 유령이 복기되곤 했지요
한때 바깥의 바람을 뭉개기 위해
내 안의 바람을 불러 깨운 것처럼
울음을 감추기 위해 술을 마시면 거기
잠겨있던 슬픔이 와르르 쏟아졌어요
울음은 나만의 것이 아니었어요
술은 판도라의 상자였던 거예요
한 잔에 한 뼘씩 자라나던 독설들
그런 시월을 사랑한건 오래전 일이에요
오래 전에 다 사랑해 버렸던 말들이
아름다운 시월이야 라고 쓰고 나면

눈 시리게 마주 보던 11월의 나목들이
왼쪽부터 팽팽하게 당겨올 거예요

개구리밥

채 들

구름에 뿌리를 내리고 흘러간다
이 물결에도 흔들
저 물결에도 흔들흔들

흘러가면서도 나름 실뿌리 부산하다

내게도 뿌리가 있어, 있단 말이야.
실잠자리 날갯짓 같은 목소리
잘게 물주름 졌다 펴진다

벼포기 사이에 단단히 뿌리를 내리고
반딧불이 같은 별 등 삼아
한세월 보내리라 다짐도 하건만

다짐도 무색하게 어깨 밟고 지나가는 소금쟁이

몸 비틀어 나를 꺼내 보려 해도
이리저리 물결에 휩쓸려만 갈 뿐

구름에 박힌 발 빼낼 수가 없구나

매일 웃는다

최금녀

한 집에서 두 사람의 영혼이 산다

한 사람이 거실에서 티브이를 보면
한 사람은 부엌에서 시를 습작한다

아이들은 우리 사이를 위험하다고 한다
나는 괜찮다고 받는다

심심해서 보일러 온도를 높인다
심심해서 말의 온도를 낮춘다

한 사람과 또 한 사람은 웃는다

질문을 버린다
말이 안 되는 말은 서로 뽑아준다
맹세들도 버리는 중이다

선물을 주고 받는다
고맙다는 말을 하나씩 나누어 가진다

한 사람 같은 두 사람의 영혼이

청출어람
—순례 3

최도선

옹플레르(Honfleur)의 파란 하늘색을 담는 붓끝 있다

풍경묘사, 외젠 부댕*의 그림에 빠진 모네

외광의 자연 속에서 쪽보다 더 푸른 물 찾고 있다

매일, 매시간 한 곳에서 그리기를 수 백 번

햇빛의 진동 변화 바뀌는 색의 조각

화폭엔 빛의 표정이 그려지고 있었다

화실 안 붓질에서 볼 수 없던 빛의 환상

스승의 붓끝 너머 시시각각 빛은 수련

관람자 함께 숨 쉬고 있다 파노라마 저 연못

* 외젠 부댕은 모네의 스승으로 인상파의 선구자.

빈 노트

최문자

사흘이나 쉬지 않고 눈이 내렸어요

커다란 건물 앞에서
누가 울어요
나가보고 싶었죠

암센터 흰 벽이 혼자 눈을 맞고 있었어요
벽은 눈물이 기억나지 않습니다

하지만 사소하지 않아요 흔적 같은 슬픔만으로도

폐를 잘라내고 후유증으로 손가락을 떨었어요
의사가 그려보라는 동그라미 그리다 손을 더 떨었죠
연필은 바닥을 치고 슬퍼서 나는 노트를 찢었어요

당신이 위태로울 때마다 나를 한 장씩 떨구듯

무엇을 찢을 때 마다 내가 떨어져 뒹구는 바닥이 있어요
슬플 새 없이 죽을 새 없이 짧고 아프게

빈 노트에요

간병인들은 죽은 자의 이야기를 좋아해요 내 노트를 펴고 죽어가는 부분에 밑줄을 긋죠
병실 더러운 창문에다 숨을 불고 나는 '죽음'이라고 썼어요 죽음이 생겼고 지우면 죽음도 금세 사라졌어요 유리들의 거짓말이죠
창문 유리를 다 써버렸어요

 통증은
나의 영혼까지 다 덮어버리는 함박눈의 형식이에요
나는 죽은 나무로 만든 연필만 깎았죠

쓰기도 전에
이렇게 함박눈이 많이 내리는 노트

마음은 북극인가봐요
페이지마다
알레우트인들의 기침소리가 나요

타인의 나날

최형심

 달팽이는 말한다. 새와 나무 사이에 걸린 문장이 사라진다면 당신을 잊어도 될까. 달팽이는 말한다. 왜 날짜 지난 신문 가까이 앉으면 배가 고플까. 달팽이는 말한다. 두 개의 모자를 쓰면 꽃이 될 수 있을까. 너는 말한다. 사라진 발과 사라진 손과 사라진 머리카락과 사라진 발가락에 대하여.

 껍데기를 제거한 달팽이 48마리,
 파슬리 2묶음, 마늘 3쪽, 아몬드가루 100g, 버터 150g, 펜넬 뿌리 2개, 처빌 1다발, 쪽파 1다발, 쑥 1다발, 올리브 오일 100ml, 라임 1개, 크랜베리 20g, 소금과 후추 약간

 붉은 피로 빚은 짐승은 왜 지난여름 나에게 오지 않았을까. 도마에 젖은 손을 대면 입술만 남은 여자를 만질 수 있을까. 페루를 가본 적 없는 사람과 폐를 나누어

줄 수 없는 사람과 눈동자 아래 빗방울의 표정을 그려 넣은 사람에 대해서라면 우리는 말할 수 없었다.

   소금과 후추와 껍데기가 없는 달팽이들……

   다시는 태어나지 마라. 달팽이는 말한다. 왜 머리 위에 수평선을 그린 뒤부터 숨을 쉴 수 없을까. 온몸이 입술인 사람이 죽은 나무에 엎드려있다. 가장 낮은 몸이 그늘을 밀어내고 있다.

   젖은 등 위에 놓인 공중이 한 뼘이 채 되지 않았다.

비타민이 자란다

하두자

몽유로 뜬눈을 세우는
잠의 통증을 재울 수는 없는 걸까
비타민을 키우는 식탁은 싱그럽지 않다
낮이나 밤이나
무너지는 현상보다 무너지는 위기가 가지를 뻗는다

젖은 빨래가 마르기도 전에
혓바늘이 돋았다
일교차가 커서 당신에게 가닿지 않아도 되는 관계
우울은 증상이 아니고 일상이었다

잠을 훔쳐가는 편두통은
누구의 잘못일까 누구의 문제일까

몸 가득 일렁이는 먹구름은 멀거나 가깝거나
성분은 같다

증상과 통증에도 서열이 있다는 걸 알게 될까
고열과 갈증으로 유난히 밤의 풍경은 유난히 비현실적이다

눈을 뜬 채로 빈자리를 만지면
내가 감정적으로 확장된다

햇빛 드는 한낮까지 다정하지도 무심하지도 않는
유예를 믿어볼까
굴절된 빛을 키우는 나는
유리문의 벽에서 점점 더 멀어지는 중이다

욕심

한경옥

서두르지 마라.

일찍 핀 꽃은
다른 꽃이 피기도 전에 진다.
불꽃은 활활 타오를수록
더 빨리 사그라지는 법
높이 올라간 만큼
으깨지는 능금을 보아라.
가을 들판에서
고만고만하게
키를 맞춘 벼들은
태풍 앞에서도 의연하다.

너무 앞서 나가지 마라.

나비의 꿈

한영숙

 장맛비에 젖은 배추흰나비 한 마리 종각역 전철 안으로 날아든다. 그는 북적대는 인파에 묻혀 제대로 날지 못한다. 낯선 사내의 널찍한 어깨에 납작 앉았다 그만 스르르 잠이 들었다. 사내의 어깨는 참으로 따뜻했다. 흔들리는 역마다 장다리꽃이 멍울멍울 피어오른다. 여기저기 수신호를 따라 나비는 꿀통을 져 나른다. 친친 감아오는 크라켄 햇살 거리거리에 웅크린다. 참 오랜만에 한 입 푹 베먹은 서리한 청무처럼 잠을 입 안 가득 우물거린다.

 사내의 널찍한 검은 양복에 그새 알을 슬어놓았다.
 스멀거렸다. 종착역에서 부화한 나비들이 떼 지어 인파속으로 사라진다.

느낌, 숲

한영옥

끈질기게 섭렵했으나
쏟아부을 곳 없어
더부룩해진 고독을
단정하게 다듬으려
숲길, 오르락내리락

전생에서 읽어둔 책도
이미 늦었다는 전갈이니
이생에서 모은 섭리도
보따리 만들어 숨기고
숲길, 오르락내리락

자욱한 숲에는 그가 있다
만날 수는 없었으나
은근히 스쳤다는 느낌
산나물 냄새로, 은빛 물보라로
숲길, 오르락내리락.

높이뛰기

한이나

마지막 담판을 던진 승부수였을 것이다

있는 힘껏 물살을 차고 솟아오른

딱 한 번의 발버둥이

허공이라니

허공의 구름이라니

청초호 제방 위에 내동댕이쳐진 슬픈 아가미

볕살에 바짝바짝 목타다가, 소신공양

적멸에 이르는 먼 길

어머니 물고기의 한 생,

다음 세상으로 훌쩍 건너간 높이뛰기였다

반야용선을 타고 가시라 물속에 가만 넣어 드렸다.

조슈아 나무 아래 감자

한정원

  차가운 두 발을 남자의 가슴뼈에 대고 죽어간 여자의 체온부터 얘기할까.
  백야가 기웃거리는 저녁에 흐르는 음표들, 검은 감자를 머리에 이고 걸어가는 켈트족의 그림자 연극부터 열어볼까. 황무지는 네가 저지르지 않은 가난의 색깔, 박스를 깔고 앉은키를 높여도 붉은 일요일을 부르며 등장하는 남자들이 보이지 않아, 고척의 키는 낮아서 나무는 뿌리만 내리지 컬러링에 저장해둔 음성이 붉은 나무 아래서 아우토반을 타고 달려갈 때 별이 없는 일곱 시는 감자를 삶고 있다. 위를 비운 사막이 뜨거운 김을 내뿜으며 식물성이 동물성으로 숙성하는 시간 공복은 하얗게 이마를 짚는다.

  나도 서쪽으로, 대륙의 끝으로 걸어갈까. 시간을 밀며 기억을 당기며 그림자 연극의 조종자가 되어 조슈아 나무 아래 레드 자갈색 배경을 베고 나의 언 발을 허공에 물어볼까. 노을은 수만 가닥의 효소로 번져나가고 어제의 날씨부터 이야기는 시작 된다. 악기가 먼저 울고 등이 먼저 흐느끼고 플루트 전주는 그림자를 따라 감자가 익는 방으로 건너간다. 흩날리는 머리칼만 현실일 뿐 내일은 어떤 배를 타고 떠나야 하나, 뼈만 남은 동상들이 강물을 부여잡는다.

수석 한 점 壽石一點

허영자

돌아!
야문 돌아!
네 앞에 내 결의는
흩어지는 구름이구나

돌아!
야윈 돌아!
네 앞에 내 욕망은
때묻은 부끄러움이구나

기이奇異하지만 괴이怪異하지 않고
색色이 스몄지만 교태롭지 않고
구멍이 났지만 텅 비지 않은

돌아!

오늘 내 앞에

엄엄한 스승으로 계신

한 점

야물고 야윈 돌아!

* 수석壽石의 요건- 경硬,쇠衰,기奇,혈穴,색色

산까치

허형만

보슬비 오시는 날
날마다 찾아가는 산길을 걷는데
저만치 산까치 대여섯 마리
보슬보슬 젖는 길에서
신나게 뛰놀고 있다
나도 함께 뛰고 싶어 우산을 접고
비에 젖으며 가만가만 다가가는데
눈치 빠른 산까치들
후르르 나뭇가지 위로 날아오른다
하이고, 못 본 척 그냥 되돌아갈걸
미안해하며 비에 젖어 걷는다
젖어라 시여
심장 깊이 젖어라 시여
산까치도 젖으며 노래하나니
산딸기도 젖으며 붉게 익나니
보슬보슬 젖은 시는 부드럽나니

젖어라 시여

뼛속까지 젖어라 시여

황량한 벌판에 서다 1

홍경흠

나는 순순히 수갑을 찼다
졸업 파티가 끝난 한참 뒤 술병을 들고

빗장 걸린 문을 열지 못해
스스로 따귀를 올려붙였다
상처의 조각들은 옷소매를 적시고

세상엔 마른바람이 불어
계면쩍게 웃다가 잊었던 눈물을 쏟으며
임을 향해 사시사철 뛰고 뛰어도
여전히 아득아득해
좌푯값을 구하지 못한 나, 나는 없다

아버지의 발자취를 더듬어 늦은 참회는 눈물 뿐
오월의 청보리는 한창인데

한목숨, 푸른 하늘을 날 수 있을까

발바닥에 대한 예의

홍사성

맨 밑바닥이라고 무시하지 마세요

발뒤꿈치만도 못하다는 말 함부로 하지마세요

아무리 구척장사라도 발바닥 아니면 일어설 수 없지요

상처 난 발바닥에 약 바르다 들은 한마디입니다

와이퍼

홍성란

이 험난한 궤도에서 이만하면 잘 도는 거지

스쳐온 사람과 사람 사라지고 잊혀가듯이

세상에 겹쳐놓은 필름 걷어내니 또렷해

빗물을 지우며 와이퍼가 지나가네

흐린 바탕 허물어 하늘은 쓱쓱 열리네

가늘게 웃는 아미蛾眉처럼 와이퍼가 지나가네

■ 시인 약력

■ **시인 약력**

감태준 1972년 《월간문학》으로 등단. 시집으로 『역에서 역으로』 『마음이 불어가는 쪽』 『몸 바뀐 사람들』 등, 논저로 『이용악시연구』 등이 있음.

강경호 1997년 《현대시학》으로 등단. 시집 『함부로 성호를 긋다』 『휘파람을 부는 개』 『잘못 든 새가 길을 낸다』 외 다수. 계간 《시와사람》 발행인.

강서완 2008년 《애지》로 등단. 시집 『서랍마다 별』이 있음.

곽인숙 2020년 《시와편견》으로 등단. 시집 『동심원 연가』, 공저 『내몸에 글을 써다오』 『나비의 짧은 입맞춤』이 있음.

금보성 월간 《현대시》로 등단. 화가.

김관용 2015년 경향신문 신춘문예로 등단.

김금옥 2020년 《시현실》로 등단.

김금용 1997년 《현대시학》으로 등단. 시집 『광화문쟈콥』 『넘치는 그늘』 『핏줄은 따스하다, 아프다』, 중국어 번역시집 『나의 시에게』 외 2권.

김 루 2010년 《현대시학》으로 등단.

김무영 1982년 〈거제문인협회〉 창립과 함께 문단 활동. 시집 『그림자 戀書』 『황칠』 등이 있음. 거제문인협회장 역임.

김밝은 2013년 《미네르바》로 등단. 시집 『술의 미학』 『자작나무숲에는 우리가 모르는 문이 있다』가 있음.

김백겸 1983년 서울신문 신춘문예로 등단. 시집으로 『지질 시간』 등과 시론집으로 『시의 시뮬라크르와 실재實在라는 광원』 등이 있음.

김서나 2020년 《현대시학》으로 등단. 시집 『마리 마리 어디 있어 어디 있어』가 있음.

김선아 2011년 《문학청춘》으로 등단. 시집 『얼룩이라는 무늬』가 있음.

김연아 2008년 《현대시학》으로 등단. 시집 『달의 기식자』가 있음.

김영재 1974년 《현대시학》으로 등단. 시집 『목련꽃 벙그는 밤』 『녹피경전』 외. 유심문학상, 가람문학상, 고산문학대상, 중앙시조대상 등 수상. 현재 《책만드는집》 대표.

김영찬 2002년 계간 《문학마당》에서 문단활동 재개. 시집 『불멸을 힐끗 쳐다보다』 『투투섬에 안 간 이유』 등. 현재 웹진 《시인광장》 편집주간.

김왕노 매일신춘문예로 등단. 시집 『복사꽃 아래로 가는 천년』 등 저서 14권. 박인환문학상, 풀꽃 문학상, 시작문학상 등 수상. 글발 단장, 한국시인협부회장, 《시와경계》 주간.

김 윤 1998년 《현대시학》으로 등단. 시집 『지붕 위를 걷다』 『전혀 다른 아침』이 있음.

김은정 1996년 《현대시학》으로 등단. 시집으로 『너를 어떻게 읽어야 할까』 『일인분이 일인분에게』. 학술서로 『연암 박지원의 풍자정치학』 『상징의 교육적 활용-미란다와 크레덴다』 등을 출간함.

김인숙 2012년 월간 《現代詩學》으로 詩, 2017년 계간 《시와세계》로 評論 등단. 시집 『먼 훗날까지 지켜야 할 약속이 있다』가 있음. 한국현대시협작품상, 열린시학상, 제5회 한국비평학회학술상, 제18회 서초문학상 수상.

김일연 1980년 《시조문학》으로 등단. 시집 『깨끗한 절정』 외 10권.

김정인 1999년 《현대시학》으로 등단. 시집 『오래도록 내 안에서』 『누군가 잡았지 옷깃』이 있음.

김종해 1963년 《자유문학》 및 경향신문 신춘문예 당선. 시집 『항해일지』 『늦저녁의 버스킹』 『그대 앞에 봄이 있다』 등이 있음.

김지헌 1997년 《현대시학》 등단. 시집 『배롱나무 사원』 『심장을 가졌다』 등이 있음.

김찬옥 1996년으로 작품 활동 시작. 시집 『벚꽃 고양이』 『웃음을 굽는 빵집』 등이 있음.

김추인 1986년 《현대시학》으로 등단. 시집 『모든하루는 낯설다』 『행성의아이들』 『오브제를 사랑한』 외.

김현지 1988년 《월간문학》으로 등단. 시집 『연어일기』 『포아풀을 위하여』 『은빛눈새』 『그늘 한 평』 등이 있음.

김혜천 2015년 《시문학》으로 등단. 푸른시학상 수상. 동주문학상 제전 위원, 다도인문강사.

나태주 1971년 서울신문 신춘문예 시 당선으로 등단. 시집, 산문집, 동화집 등 문학서적 150권 출간.

동시영 계간 《다층》으로 등단. 시집 『일상의 아리아』 외 7권, 연구서 『현대시의 기호학』 외 2권, 산문집 『문학에서 여행을 만나다』 외 1권.

류미야 2015년 《유심》으로 등단. 시집 『눈먼 말의 해변』. 공간시낭독회문학상 등 수상.

문효치 1966년 한국일보, 서울신문 신춘문예 당선. 시집 『무령왕의 나무새』 『계백의 칼』 『별박이자나방』 등 15권. 정지용문학상, 김삿갓문학상, 한국시협상 등 수상. 현재 계간 《미네르바》 대표.

박금성 2020년 《서정시학》으로 등단.

박무웅 1995년 《심상》으로 등단. 시집 『패스 브레이킹』 외. 2014~17년 세종우수도서 3회 선성. 2015년 한국예술상 수상. 현재 《시와표현》 발행인.

박분필 1996년 《시와시학》으로 문단활동 시작. 시집 『산고양이를 보다』 『바다의 골목』 등, 동화집 『하얀 날개의 전설』 등이 있음.

박수빈 2004년 시집 『달콤한 독』으로 작품활동 시작. 시집 『청동울음』 『비록 구름의 시간』, 평론집 『스프링 시학』 『다양성의 시』 『반복과 변주의 시세계』가 있음.」

박수화 2004년 평화신문 신춘문예로 등단. 시집 『새에게 길을 묻다』 『물방울의 여행』 『체리나무가 있는 풍경』 『흐린 날 샤갈의 하늘을 날다』 (e-book)가 있음.

박수현 2003년 계간 《시안》으로 등단. 시집 『운문호 붕어찜 』 『복사뼈를 만지다』 『샌드 페인팅』 등이 있음. 2020년 동천문학상 수상.

박이영 2016년 《예술가》로 등단.

박일만 2005년 《현대시》로 등단. 시집 『사람의 무늬』 『뿌리도 가끔 날고 싶다』 『뼈의 속도』 등. 제5회 송수권 시문학상 수상.

박종국 1997년 《현대시학》으로 등단. 저서 『집으로 가는 길』 『하염없이 붉은 말』 『새하얀 거짓말』 『누가 흔들고 있을까』 『숨비소리』가 있음. 2015년 조지훈문학상, 시작문학상 수상.

배윤주 2019년 《시와경계》로 등단.

백우선 1981년 《현대시학》 천료. 시집 『탄금』 등이 있음.

백　현 1987년 《심상》으로 등단. 시집 『세상의 쓸쓸함 들을 불러 모아』 『어제의 나는 내가 아니라고』 등이 있음.

서경온 1980년 《현대시학》으로 등단. 시집 『흰꽃도 푸르다』 등이 있음.

설태수 1990년 《현대시학》으로 등단. 시집 『우리들의 샹그릴라』 외.

손현숙 1999년 《현대시학》으로 등단. 시집 『너를 훔친다』 『손』 『일부의 사생활』, 사진 산문집 『시인박물관』 『나는 사랑입니다』, 연구서 『발화의 힘』이 있음.

송소영 2009년 《문학선》으로 등단. 시집 『사랑의 존재』가 있음.

신달자 1964년 《여상》, 1972년 《현대문학》으로 등단. 시집 『봉헌문자』 『열애』 『종이시집』 『간절함』 등 시집, 수필집, 소설 등 다수.

신명옥 2006년 《현대시》로 등단. 시집 『해저 스크린』(2017년 세종우수도서 선정)이 있음.

신미균 1996년 월간 《현대시》로 등단. 시집 『맨홀과 토마토케첩』 외 3권.

신병은 시집 『바람과 함께 풀잎이』 『꿈의 포장지를 찢어내며』 『강 건너 풀의 잠』 외 4권. 전남대 평생교육원 문예창작과정 전담강사.

신원철 2003년 《미네르바》로 등단. 시집 『나무의 손끝』 『노천탁자의 기억』 『닥터 존슨』 『동양하숙』이 있음.

심종록 1991년 《현대시학》으로 등단. 시집 『쾌락의 분신자살자들』 『신몽유도원도』가 있음.

엄재국 2001년 《현대시학》으로 등단. 시집 『정비공장 장미꽃』 『나비의 방』이 있음.

오덕순 2007년 《시사사》로 등단. 시집 『어느 섬의 나이팅게일』이 있음.

오세영 1965-68년 《현대문학》지 추천으로 등단. 시집 『바람의 아들들』 등, 시조집 『춘설春雪』, 학술서적 『시론』 『한국현대시인연구』 외 다수.

오탁번 1967년 중앙일보 신춘문예 등단. 시집 『손님』 『우리 동네』 『시집보내다』 『알요강』 등이 있음.

오현정 1989년 《현대문학》 2회 추천완료로 등단. 시집 『라데츠키의 팔짱을 끼고』 『몽상가의 턱』 외 다수. 애지문학상 등 수상.

우정연 《불교문예》로 등단. 시집 『송광사 가는 길』 『자작나무 애인』이 있음.

유안진 1965년 《현대문학》으로 등단. 시집 『다보탑을 줍다』 『구름의 딸이요 바람의 연인이라』 『둥근세모꼴』 등 17권, 시선집 『세한도 가는 길』 등 다수, 산문집 『지란지교를 꿈꾸며』 등 다수 상재.

유현숙 2001년 동양일보, 2003년 《문학선》으로 등단. 시집 『외치의 혀』 『서해와 동침하다』. 한국문화예술위원회 창작기금 수혜. 미네르바작품상 수상.

尹錫山 1967년 중앙일보 신춘문예 동시 당선, 1974년 경향신문 신춘문예 시 당선. 시집 『햇살 기지개』 등 다수. 현재 한양대 명예교수.

윤의섭 1994년 《문학과사회》로 등단. 시집 『어디서부터 오는 비인가요』 등이 있음.

윤정구 1994 《현대시학》으로 등단. 시집 『한 뼘이라는 적멸』 외, 산문집 『한국 현대 시인을 찾아서』 가 있음. 〈시천지〉 〈현대향가시회〉 동인.

윤홍조 1996년 《현대시학》으로 등단. 2017년 부산작가상 수상, 2018년 세계문학상 본상 수상.

이건청 1967년 한국일보 신춘문예 등단. 시집 『곡마단 뒷마당엔 말이 한 마리 있었네』 『굴참나무 숲에서』 『반구대암각화 앞에서』 『소금창고에서 날아가는 노고지리』 외 다수.

이 경 1993년 계간 《시와시학》으로 등단. 시집 『소와 뻐꾹새소리와 엄지발가락』 『푸른 독』 『오늘이라는 시간의 꽃 한 송이』 외. 유심작품상, 시와시학상 수상.

이경철 시인, 문학평론가. 시집 『그리움 베리에이션』, 저서 『천상병, 박용래 시 연구』 『미당 서정주 평전』 『현대시에 나타난 불교』 등이 있음.

이규리 1994년 《현대시학》으로 등단. 시집 『앤디 워홀의 생각』 『뒷모습』 『당신은 첫눈입니까』 등이 있음.

이나명 1994년 《현대시학》으로 등단. 시집 『금빛새벽』 『중심이 푸르다』 『그 나무는 새들을 품고 있다』 『왜가리는 왜 몸이 가벼운가』 가 있음. 1995년 대산창작기금, 2007년 한국시문학상 수상.

이만주 춤 비평가, 사진작가. 시집 『다시 맺어야 할 사회계약』 『삼겹살 애가』 등이 있음.

이미산 2006년 《현대시》로 등단. 시집 『아홉시 뉴스가 있는 풍경』 『저기, 분홍』이 있음.

이순현 1996년 《현대시학》으로 등단. 시집 『내 몸이 유적이다』 『있다는 토끼 흰 토끼』가 있음.

이영식 2000년 《문학사상》으로 등단. 시집 『꽃의 정치』 『휴』 『희망온도』 등이 있음. 애지문학상, 한국시문학상, 2012년 올해의 최우수예술가상 수상. 현재 초안산시발전소 소장으로 시 창작을 지도하고 있음.

이인원 1992년 《현대시학》으로 등단. 시집 『마음에 살을 베이다』 『빨간 것은 사과』 『궁금함의 정량』이 있음.

이인주 2003년 불교신문 신춘문예, 2006년 《서정시학》으로 등단. 시집 『초충도』가 있음.

이채민 2004년 《미네르바》로 등단. 시집 『빛의 뿌리』 『오답으로 출렁이는 저 무성함』 외 2권. 현재 《미네르바》 주간.

이학성 1990년 《세계의문학》으로 등단. 시집 『늙은 낙타의 일과』 『여우를 살리기 위해』 등이 있음.

이화영 2009년 《정신과표현》으로 등단. 시집 『침향』 『아무도 연주할 수 없는 악보』가 있음.

이화은 1991년 《월간문학》 등단. 시집 『절정을 복사하다』 『미간』 등이 있음.

임호상 시집 『조금새끼로 운다』, 시화집 『여수의 노래』가 있음. 제27회 한려문학상 수상. 여수문인협회 지부장 역임, 한국문인협회 회원, 한국시인협회 회원.

장영님 1994년 《현대시학》으로 등단. 시집 『언 개울가의 흰 새』가 있음.

장인무 시집 『물들다』가 있음. 2012년 등롱문학상 수상. 한국시인협회, 풀꽃시문학회, 세종 시마루 등.

장현두 2019년 《산림문학》으로 등단. 시낭송가. 괴산문인협회 사무국장, 충북시인협회, 산림문학회 회원.

전순영 1999년 《현대시학》으로 등단. 시집 『시간을 갉아먹는 누에』 『숨』 등이 있음.

정민나 1998년 《현대시학》으로 등단. 시집 『E 입국장, 12번 출구』 등이 있음.

정상하 1999년 《현대시학》으로 등단. 시집 『비가 오면 입구가 생긴다』 『사과를 들고 가만히 서있었다』가 있음.

정시마 2009년 《현대시학》으로 등단.

정영선 1995년 《현대시학》으로 등단. 시집 『장미라는 이름의 돌멩이를 가지고 있다』 『나의 해바라기가 가고 싶은 곳』 등이 있음.

정영숙 1993년 등단. 시집 『볼레로, 장미빛 문장』 『황금 서랍 읽는 법』 등 7권, 활판시선집 『아무르, 완전한 사랑』이 있음. 목포문학상, 시인들이 뽑는 시인상 등 수상.

정재분 2005년 계간 《시안》으로 등단. 시집 『그대를 듣는다』 『노크 소리를 듣는 몇 초간』, 산문집 『침묵을 엿듣다』가 있음.

정하선 1993년 무등일보 신춘문예 당선. 시집 『꼬리 없는 소』 『우리 이제 그만 패배하기로 하자』가 있음.

조승래 2010년 《시와시학》으로 등단. 시집 『몽고 조랑말』 『내생의 워낭 소리』 『타지 않는 점』 『하오의 숲』 『칭다오 잔교 위』 『뼈가 눕다』가 있음.

조연향 2000년 《시와시학》으로 등단. 시집 『제1초소 새들 날아가다』 『오목눈숲새 이야기』 『토네이도 딸기』가 있음.

조창환 1973년 《현대시학》으로 등단. 시집 『저 눈빛, 헛것을 만난』 『허공으로의 도약』 『벗나무 아래, 키스자국』 외. 박인환상, 편운문학상, 한국시협상, 한국가톨릭문학상 등 수상.

진 란 2002년 계간 《주변인과詩》로 작품 활동. 시집 『혼자 노는 숲』이 있음. 현재 계간 《문학과사람》 편집인.

채 들 2005년 《불교문예》와 《월간문학》으로 등단. 시집 『허공 한 다발』 외 『참나리꽃』 『얼지 않는 기도』 등이 있음. 제23회 새벗문학상 수상.

최금녀 시집 『바람에게 밥 사주고 싶다』 외 6권. 시선집 2권이 있음.

최도선 1987년 동아일보 신춘문예 시조 당선, 1993년 《현대시학》으로 소시집 발표 후 자유시 활동. 시집 『그 남자의 손』 『겨울기억』 『서른아홉 나연씨』, 비평집 『숨김과 관능의 미학』이 있음. 〈시와문화〉 작품상 수상.

최문자 《현대문학》으로 등단. 시집 『사과 사이사이 새』 『파의 목소리』 『우리가 훔친 것들이 만발한다』 등이 있음.

최형심 2008년 《현대시》로 등단. 2019년 심훈문학상 수상.

하두자 1998년 《심상》으로 등단. 시집 『물수제비 뜨는 호수』 『물의 집에 들다』 『불안에게 들키다』 『프릴 원피스와 생쥐』 등이 있음.

한경옥 2013년 《유심》으로 등단. 시집 『말에도 꽃이 핀다면』이 있음.

한영숙 2004년 『문학선』 등단. 시집 『푸른 눈』 등이 있음. 2009년 경기문화재단 우수창작지원금 수혜. 2014년 발견 작품상.

한영옥 1973년 《현대시학》으로 등단. 시집으로 『다시 하얗게』 『슬픔이 오시겠다는 전갈』 등. 최계락문학상, 한국시인협회상, 전봉건문학상 등 수상.

한이나 1994년 《현대시학》으로 작품 활동 시작. 시집 『플로리안 카페에서 쓴 편지』 외 5권이 있음.

한정원 1998년 《현대시학》 등단. 시집 『마마 아프리카』 『낮잠 속의 롤러코스터』 『그의 눈빛이 궁금하다』가 있음

허영자 1962년 《현대문학》으로 등단. 시집 『투명에 대하여 외』 『얼음과 불꽃』 등이 있음. 박목월문학상 등 수상. 성신여대 명예교수.

허형만 1973년 《월간문학》(시), 1978년 《아동문예》(동시) 등단. 시집 『음성』 『바람칼』 『황홀』 등. 한국예술상, 한국시인협회상, 윤동주문학상 등 수상.

홍경흠 컬럼니스트. 시집 『감정을 읽는 시간』 외 다수.

홍사성 2007년 《시와시학》으로 등단. 시집 『내년에 사는 法』 『고마운 아침』 『터널을 지나며』가 있음. 현재 《불교평론》 주간.

홍성란 1989년 중앙시조백일장 장원(경복궁 근정전)으로 작품활동 시작. 시조집 『춤』, 장시집 『칭찬인형』, 시조선집 『애인 있어요』 등이 있음.

현대시학 2021 앤솔로지

심장 깊이 젖어라, 시여

초판 1쇄 발행	2021년 1월 12일

지은이	허영자 외
발행인	전기화
편집주간	김금용
편집장	서종현

발행처	현대시학사
등록일	1969년 1월 21일
등록번호	종로 라 00079호
주소	서울시 종로구 계동길 41
전화	02-701-2341
블로그	http://blog.daum.net/hdsh69
이메일	hdsh69@hanmail.net
배포처	(주)명문사 02-319-8663

ISBN	979-11-86557-84-6 00810

* 책값은 뒤표지에 있습니다.
* 이 책의 판권은 지은이와 현대시학사에 있습니다.
* 이 책 내용의 전부 또는 일부를 재사용하려면 반드시 양측의 서면 동의를 받아야 합니다.
* 잘못 만들어진 책은 구입하신 서점에서 교환해드립니다.